# 思考禅のススメ

仏祖の言葉を読んでみよう

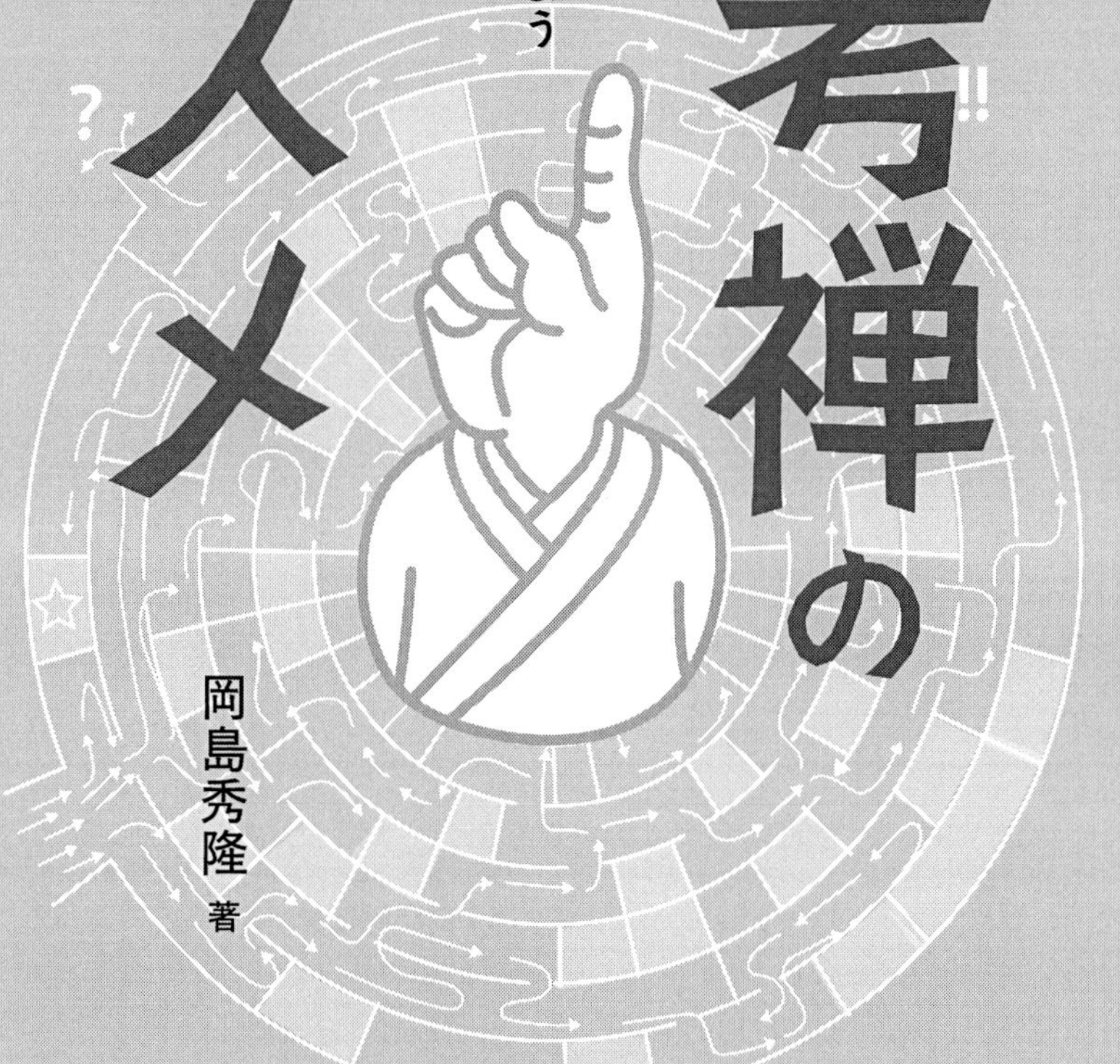

岡島秀隆 著

北樹出版

# はじめに

最近はちょっとした瞑想ブームである。マインドフルネスという言葉が逆輸入され、大いに広がっている。そのルーツの一つは明らかに禅宗の流れをくむ「坐禅」である。田舎の小さな禅寺に暮らしている私にとって、坐禅が注目されるのは少し嬉しいことである。しかし、へそ曲がりな私は、「禅の魅力」はそれだけではないと思う。禅宗には言葉に対する特殊な考えがあって、言葉は究極的関心事ではなく、修行の道具であり道標であると考えるのである。また、言葉は心から生まれるので、心こそ一番大切なものだともいう。たしかに、その通りなのだが、それならそれとして、言葉という道具の重要性はもっと評価されていいのではないだろうか。フライパンや包丁がなかったら料理はできないし、スコップや剪定バサミがなかったら庭仕事はできない。自動車やバスがなかったら仕事にも行けないのだ。さらに言葉が心から生まれたものならば、それらは元の心の反映であり結実なのだから、もっと丁寧に観察され大切に扱われるべきではないだろうか。いくらアイデアがあっても、具体的な形にならなければ、私たちには無意味である。例えば、画家が絵を描かなければ、私たちは感動できないし、建築家が建物を立てなければ、私たちはその中に入って建築家の心を感じ取ることも、そこで生活を楽しむこともできない。そう考え方を転回して、敬意をもって「禅語」を読み直してみると、それらは私たちにとても多くのことを教えてくれる。だから、坐禅は当然だが、禅語は禅の魅力のもう一つの宝物だと思うのである。

さて、何でもできるという万能感、あるいは今はできなくても大きくなれば何でもできるのではないかという理由のない期待感は幼少年期のどこかの時点で崩れ去ってしまうことがある。中学高校時代ともなると、自分の思考能力の限界を自覚するようになって挫折感が襲うこともあるだろう。自分や社会の諸行を観察して人間の愚かさを痛感するのは大学生になる頃であろうか、現実への不安感と無力感と焦燥感もそんな時代に味わい始めるのかもしれない。もちろん個人差はあるが、私たちは人生のいろんな時期にこうした心的経験を通過する。さらに近い将来、私たちは人類の思考力の限界を思い知らされることになるかもしれない。『ターミネーター』や『マトリックス』のような未来世界が描かれ、エーアイ（人工知能）と人間頭脳のシンギュラリティ問題（いわゆる二〇四五年問題）が話題にのぼる昨今だから、もう明るい未来を手放しで信じるなんてできないのだ。人類の未来は深い霧に包まれている。アンビバレンツな諦観と憧憬、平等と自由への願望、そうした気持ちが堂々巡りしている現代人の心象風景は誰の中にも存在している。そんな現代社会においてネガティブな感情を払拭し、新世界への飛躍を達成するためには、どうすべきなのだろうか。さまざまな選択肢があるかもしれない。一つわかっていることは私たちが思考し続けねばならないということである。それは人間の生まれついた本性だが、くだらない悩み事で思考循環スパイラルにはまり込んでしまうこともある。そういう時に、先哲の言葉は私たちの心に快い刺激をもたらして、新鮮な気分を呼び戻してくれるのである。

もう一つ見落とせないことがある。本書に取り上げた達人たちはいずれも言葉の向こう側の世界に触れたことのある人たちである。ちなみに、各章の見出しで「ホトケ」という言葉を使っているが、「仏教に帰依した立派な仏教者」といった、とても広い意味で使っている。そういう先人たちの言葉を通して、他者の世界、さらに言葉を超えた「真如」の世界を想像してみることが大切である。これらの言葉は私たちの言語世界を拡大するだけでなく、私たちの価値観や物の見方を押し広げて、きっと多くのことを教えてくれると思う。

さて、この書の中で禅・仏教の言葉を吟味する時の心構えというか、基本方針を最後に述べておこうと思う。これらの言葉は古い時代の言葉である。こうした言葉を取り扱う場合は、普通その作者の真意を忠実に理解しようと努める。それが仁義というか、作者への敬意の示し方なのである。しかし、私はこう思う。私が私の生きている時代の問題や自分自身の悩みや関心に基づいて、そのコンテクストの中で、先人の知恵にそういうものをぶつけて、参学することがあって良いのではないか、そして、それは先人を冒瀆したり不誠実を働いていることにはならないのではないか。そういう態度は、むしろ自分たちの日常の中に先哲の知恵を真剣に生かそうとしているのだと思うのである。そんな観点から禅・仏教の言葉に対峙しようと思う。

# 目次

# 思考禅のススメ

仏祖の言葉を読んでみよう

# 第一章　ホトケの言葉サマザマ

仏教の歴史の中には、さまざまな言葉が残されています。仏典の説示は言うにおよびませんが、さらに仏教の歴史を作った数多くの仏教者の残した魂の言葉があります。それらの中から、心に響いたものをテーマ別にして、少し紹介してみましょう。

## 一　響きが良くて、含蓄の在る言葉

(1)　神や仏を祈らずとても、直《すぐ》な心が神仏。人が見ぬとていつわるまいぞ、我と天地がいつか知る。鈍《どん》な者でも正直なれば、神や仏になるがすじ。

白隠慧鶴『草取唄』

神仏は、どこか外の世界におられると思うのが普通の考えです。それで神社やお寺に私たちはお参りします。そうでない場合でも、天を仰いだりお墓に手を合わせたりしております。しかし、ここでは「真っ直ぐな自分の心」が神であり仏であると教えます。人が見ていないからといって嘘をついてはいけない、自分を偽ってはならない、そういう正直な心を持っていれば、愚かな者でも皆神仏になるのが筋道だというのです。「草取唄」とは労働歌です。仕事をしながら調子よく声を揃えて歌います。そうして知らぬ間に禅師の教えが人々の身に浸み込んでゆくのです。庶民にどのように仏教の教えを届けたらよいか、ある者は、「絵解き」をしました。お釈迦様が亡くなった姿を描いた「涅槃図」を解説して見せたり、あるいは「歌比丘尼」、「勧進比丘尼」などとも呼ばれた「熊野比丘尼」は「六道図」や「熊野観心十界曼荼羅」などを用いて地獄極楽を説いたそうです。教訓的な「道歌」を作った至道無難《しどうむなん》禅師や白隠禅師は自然に耳から入ってくる調子のいい唄に注目しました。昔のお坊さんたちもいろいろ布教教化には苦心したんですね。

(2)　世の中は　何にたとえん　水鳥の　はしふる露に　やどる月影

永平道元『傘松道詠』

道元禅師はたくさんの短歌を残されていました。「文筆詩歌は仏道修行に役立たないからやめるがよい」と弟子たちに教えた禅師ですが、生来学問好きで文才のあった方ですから、当然と言えば当然でしょう。これは後に禅師の歌を集めて編纂された『傘松道詠《さんしょうどうえい》』に収められています。「この世の中を何に喩えたらよいだろうか、それはさしずめ月夜の水辺で、水鳥が水面に嘴《くちばし》を差し入れて、ふるふると動かした、その刹那に飛び散った、月光を宿した露玉のようなものだ」といった意味でしょうか。静かな月夜に水面を滑るようにわたってゆく水鳥の、何気ない仕草が作り出したミクロの世界がこの世だというのです。禅には「尽十方界一顆明珠《じんじっぽうかいいっかみょうじゅ》」などといった言葉もあります。そういう世界観を禅師は歌ったのでしょう。美しい情景の写実というだけではなく、禅の世界観の理解がそこには投影されているとも言えましょう。短歌ですから、口ずさみやすいですね。

(3)　月かげのいたらぬさとはなけれども　ながむる人のこころにぞすむ

法然『法然上人行状絵図』

この歌は法然上人の真作と言われる二十三首の一つです。「月の光が届かない場所はないのに、それに気づかない人もいる。実は月光に気づいて眺める人の心にしか、それは本当には届かないのだ」といった意味でしょう。ちょっと上人の吐息が聞こえてくるようでもあります。もちろん、月影（月光）とは阿弥陀仏の光明の比喩ですから、ただの叙景歌ではありません。そこには上人さまの宗教的信心が込められていますので、まさに宗教歌です。それにしても宗教臭さがなく、あっさりとした描写は秀逸ですね。

## 二　深い思いやりの言葉

(1)　愛語《あいご》というは、衆生をみるにまず慈愛の心をおこし、顧愛《こあい》の言語《ごんご》をほどこすなり。おおよそ暴悪の言語なきなり。…中略…　むかいて愛語をきくは、おもてをよろこばしめ、心をたのしくす。むかわずして愛語をきくは肝に銘じ、魂に銘ず。しるべし、愛語は愛心よりおこる、愛心は慈心を種子とせり。愛語よく廻天《かいてん》のちからあることを学すべきなり、ただ能《のう》を賞《しょう》するのみにあらず。

永平道元『正法眼蔵』四摂法

「愛語」という言葉がテーマです。仏教では「愛」の字は欲望と結びつけられて「欲愛」とか「渇愛」とか否定されるべきものと考えられるむきがあります。そこにポジティブな意味を持った使い方が登場したのですから、びっくり新鮮な気持ちになります。愛語は四つの般若、つまり布施・愛語・利行《りぎょう》・同事の四摂法《ししょうぼう》（四恩）の一つです。道元禅師の説明によれば、それは慈しみの心から生まれる言葉で、たとえ見かけは荒っぽく思えても愛語と呼べるものもありそうです。聞く方も面と向かってそれを聞けば嬉しくなってニッコリするし、間接的に聞くと肝に命じるところがあるというのです。そして、この愛語にはこの世界を動かす力（廻天の力）があることを学ぶべきであると示されています。もちろん、それはよい方向に人々の心を動かし、世界をよい方に誘導するのです。今の時代にこそ愛語は求められています。しかし、なかなか私たちの心に響く言葉は聞こえてきません。愛語を生む慈しみの心が失われてしまったからでしょうか。もしそうなら悲しい限りですね。

(2)　善者に親附《しんぷ》するは、霧露《むろ》の中を行くがごとく、衣を湿さずと雖《いえど》も、時々に潤《うるおい》有り

潙山霊祐『潙山警策』

「朱に交われば紅《あか》くなる」という諺はよく知られています。でも、この言葉には少し悪意もあって、悪友と付き合うと自分も知らぬ間に悪事を働くようになるといったシチュエーションが思い浮かびます。この潙山霊祐《いさんれいゆう》禅師の言葉は、その良いバージョンです。善いお師匠さん、もっと一般的には善人と親しくしていると、自然にその感化を受けて、自分も善くなる。それを朝露の中を行く者の姿になぞらえているわけです。ちょっと冷たくて湿っぽくて、着物が濡れるなんてうっ

とうしいイメージもありますけれど、重要なのは自然（知らずしらずのうち）にという点です。仏教を学ぶ時も、普通に勉強をする場合も、正しい知識を持ち、人格も優れた先生に出会うということはとても大切なことです。偶然の出会いを待ち受けるのではなく、そういう先生を探し回ることだってあります。それだけの価値があるというものです。たしかに相性などということもありますから、善い先生というのは人それぞれに違うかもしれませんが、もしそういう人生の師と言える人に出会ったら、しっかりとつかまえて、寄り添って善い感化を受けて、自分を育てましょう。

## 三　自力の道に友あり

(1)　我を生む者は父母、我を成す者は朋友《ほうゆう》。

百丈懐海『祖堂集』

(2)　夫《そ》れ参学の人と為《な》りて、既に叢林《そうりん》に入らば、須《すべか》らく善知識《ぜんちしき》を択《たの》んで、次に朋友に親しむべし。知識は其《そ》の路を指《しめ》さんことを要し、朋友は其《そ》の切磋《せっさ》を貴《たっと》ぶなり。

法眼文益『宗門十規論』

二人の人物の言葉を紹介します。両者はともに中国禅宗の祖師です。とても高名な禅者です。これらの人物が口を揃えて言っているのは、修行の場における「朋友」の重要性です。百丈禅師は禅宗の「清規」（叢林―修行道場における規則）を作った人物で、自分にも弟子にも大変厳しい方だったようです。その百丈禅師が「私を生んだのは父母であるが、私を完成させたのは修行の同朋である」と言うのです。考えてみれば清規を考案した禅師は、叢林の多くの人々の「和合」ということが、個々人の修行に重要であることを熟知していたでしょう。それを前提条件にしなければ修行も悟りも実現しないのです。次の法眼《ほうげん》禅師は唐代に全盛期を迎えていた禅宗の五家七宗《ごけしちしゅう》の

百丈独坐図

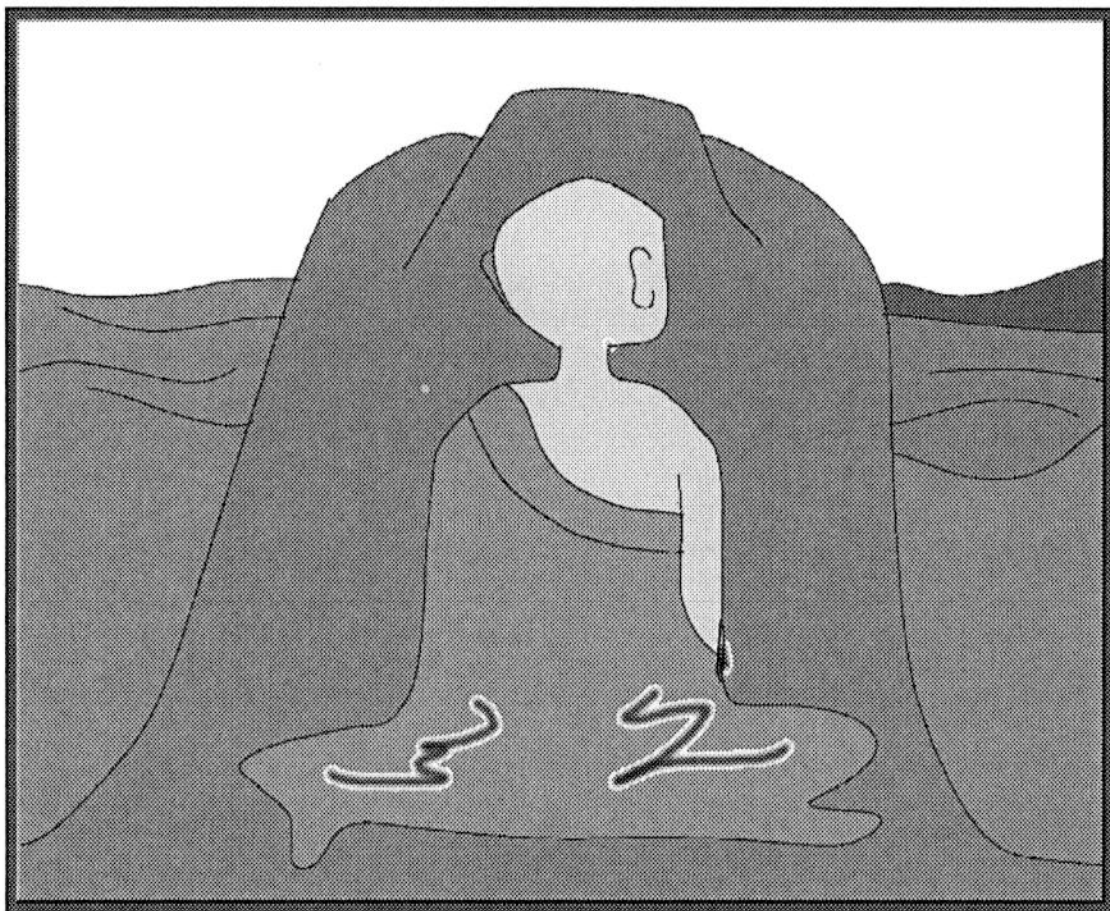

百丈禅師、大峯のように坐する雄姿

一つであった「法眼宗《ほうげんしゅう》」という宗派の開祖です。禅師は「修行に入った修行僧はまず善い師匠（善知識）を探さなければいけない」と言います。そして「それが見つかったあかつきには速やかに善い修行仲間（朋友）を見つけるべきだ」と言います。なぜかといえば、善知識は本当の仏道を教え導いてくれるからです。そして、友は一緒に切磋琢磨するところに最も重要な妙味があるというのです。

禅修行といえば、一人励んで悟りを得る「自力の道」と思われがちですが、実はこうした朋友の存在が欠かせないというのは、修行を透過した両善知識の経験値から出た言葉だというところに重みがありますね。それはまた、私たちの社会生活の中でも大切な心構えです。同じ趣味や志を持ったポン友との出会いが人生を豊かに育み人間を成長させてくれるのです。

## 四　人の本当の価値を問い直してくる言葉

(1)　七歳の童児も我に勝《まさ》る者は、我は即ち伊《かれ》に問わん。百歳の老翁も我に及ばざる者は、我は即ち他に教えん。

趙州従諗『趙州録』

(2)　仏法を修行し、仏法を道取《どうしゅ》せんは、たとえ七歳の女流《にょりゅう》なりとも、すなわち四衆《ししゅ》の導師なり、衆生《しゅじょう》の慈父《じふ》なり。

永平道元『正法眼蔵』礼拝得髄

ここでは、人間の本当の価値について考えさせてくれる言葉をピックアップしました。まず趙州《じょうしゅう》禅師の言葉を紹介しましょう。意味は「たとえ七歳の子供であっても、自分に勝る者がいたら彼に質問しよう。逆に百歳の御老体であっても、自分に及ばない者にあったならば私は彼に教えてあげよう」ということです。言ってしまえば簡単そうですが、実は地味にシンドイ行為です。自分より年下の人に教えを請うたり、人生の大先輩に教えるというのは、日頃あまり経験しないことですから勇気がいるんです。ただ、全くジャンル違いの世界に飛び込むような場合、あるいは反対に相手が異なる環境からこちらに飛び込んできた場合は、こういう事態が生じますね。言葉の通じない外国を旅したようなときを想像してみてください。

さらにここでは言葉の背景が問題です。仏道修行というコンテクストの中でこの言葉は語られているのです。仏道と一般社会の価値観や規則は少し異なることがあります。例えば、仏道においては貧しさが理想とされたり、欲望を捨てることが要求されますが、一般社会では金銭を稼ぐことは当たり前の行為ですし、欲望が人間社会の発展の原動力と考えられることもあります。もちろん仏教でもそれは理解していてほどほどに「少欲知足」を説くわけですけれど……。

話を進めると、仏道修行では「悟り」が求められるのですから、どれほど修行が進んでいるかが問題で、年齢や性差による上下格付けは無意味とも言えます。そこでこうした言葉が合点できるのですね。

また、このことをさらに進めて述べたのが道元禅師です。道元禅師は趙州禅師を敬慕しているところがあり、しばしば彼の言葉に触れています。「仏教を修行し証得した者なら、それがたとえ七歳の女児であっても全ての仏教信仰者の導き手であり慈悲深い父親のような存在である」というのです。私たちは今一度、本当の人間の価値とは何かを考えてみる必要がありそうです。まあ、古今東西新しいことには若者の方が敏感で吸収も早いですね、そういう知識については老人は若者に勝てません。意地を張らずに助けてもらうべきです。いっぽう若者側も面倒くさがらずに教えてみると、自分も気持ちがいいし、そういう異世代交流を通じて思わぬ発見があるかもしれません。

## 五　諸法実相《しょほうじっそう》を語る言葉

(1)　華《はな》は愛惜《あいせき》によりて落ち、草は棄嫌《きけん》を逐《お》うて生ず。

牛頭山精『天聖広灯録』

(2)　うらを見せ　おもてを見せて　散るもみぢ

大愚良寛『はちすの露』

(3)　春は花　夏ほととぎす　秋は月　冬雪さえて冷《すず》しかりけり

永平道元『傘松道詠』

世界のありのままの姿とは一体どういうものでしょうか。自然界についての新たな知識が次々と発見されています。特に科学が発達した現代は、目に見えない世界の様子が研究され、想像さえできなかった新事実が見つけられることもしばしばあります。また、人間社会の有り様も日々大きく変化して昨日と今日では大いに違ってしまうということも日常茶飯事です。この状況で、ありのままの姿と言われても何を信じて良いのかわからなくなってしまいます。ここにあげた言葉は、そんな理屈は抜きの、ある意味で古風な自然観に基づいていると言えますが、私たち一人一人の心に映し出される自然の姿を素直に表現しています。それらは私たちの感覚世界をありのままに描写しています。そして、この世界は他の人間にも共有できる範囲という意味で普遍的な心象世界の姿です。ここでのありのままとは、とりあえずそういう意味です。

最初の句は「麗《うるわ》しい花はどんなに惜しまれても散ってゆく、そして、雑草はどんなに人々に疎《うと》まれてもはえてくる」ということ、二番目は良寛の歌ですが、「落葉が裏を見せ表を見せてハラハラと散ってゆく」ということ、三番目の句は道元のものですが、「春は咲きほこる花がよい、ホトトギスの声が聞こえると夏の季節を憶《おも》う、秋は名月が満々

道元観月図

いつも見上げるお月さま

悟りの眼で観るお月さま

どちらも同じ清き月かげ

と登るのが素晴らしい、冬は雪が降り積もり凛《りん》として寒いのが心地よい」とでもいったらどうでしょう。実は日蓮上人の言葉にもよく似たものがあります。

春は花さき、秋は菓《このみ》なる、夏は暖かに、冬は冷たし。時のしからしむるに有らずや

日蓮『報恩抄』

どれも淡々と自然の姿を歌っています。現代人は、自分の中に眠っていて忘れかけていたものを思い出させてくれる、こういう言葉に弱いのです。

## 六　しみじみと無常を説き精進を勧める言葉

(1)　無常たちまちにいたるときは、国王・大臣・親暱《しんじつ》・従僕《じゅうぼく》・妻子・珍寶《ちんほう》たすくるなし、ただひとり黄泉《こうせん》におもむくのみなり。おのれにしたがいゆくは、ただこれ善悪業等《ぜんあくごっとう》のみなり。

永平道元『正法眼蔵』出家功徳

道元禅師の言葉です。無常というのは、止まることなく変化する世界のありさまを表す仏教的

世界観の特徴をしめす言葉の代表です。四法印《ほういん》（三法印）の一つです。だが、ここでは「死」を表現する言葉として使用されています。「（無常のことわりのゆえに）死が忽然《こつぜん》と訪れた時には、権勢を誇る国王・大臣も親戚や妻・子供も、どれだけ豪華な宝物も、この定めから人を救い出してくれるものはない、人は一人で死後の世界に往くしかないのである。唯一の随伴は死出の旅に赴く人の生前の業《ごう》（生前の行いの果、行いが魂に刻んだ印？）だけである」というのです。死を迎える時、最後を迎える時はどんな人間にも必ずやってきます。その刹那誰かに交換条件を出して変わってもらうということはできません。これは真実のように思われます。ただし、その時この世からあの世に自分が持ち出すものは、ただ一つ已の「善悪業」だけだというのはどうでしょうか。これは業と輪廻《りんね》の思想に基づいた仏教の古い世界観です。多様な世界観が混在する現代社会に生きる我々の中には、こうした世界観を否定する者や懐疑的な者もたくさんいます。道元禅師は無常世界の事実を示して人間の本来的生き方に目を向けさせようとしています。この前半部分は現代人にも共感を呼びます。しかし、後半部分は我々の心に響いてきません。ただ、道元の時代にはこうした考えが一般によく受け入れられていたので、わかりやすくこのように説かれたのでしょう。

(2)　生死《しょうじ》の事は大なり、無常迅速なり。各宜《おのおの》しく醒覚《しょうがく》して、慎んで放逸《ほういつ》なること勿《なか》れ。

大満弘忍『六祖壇経』

この短い句は中国禅宗第五祖の大満弘忍禅師の言葉と言われております。生死の問題を究めることは最も重大な人生の課題です。しかも、仏道修行の身にとってみれば、この究明はまさに大悟と一枚のことであります。なおさらに、命を受けて生きている我々にとっては、まさに今こそ好時節《こうじせつ》、今をおいてこの究明は叶わぬことであります。それゆえに、時間を無駄に過ごしてはいけない、しっかりと眼を大きく見開いて修行に励めという親切なお示しであります。実はこの句は僧堂（修行道場）の木版に墨書されています。ここで木版とは僧堂で用いられる鳴らし物の一つで、時間や行事の終了を知らせるような時に打ち鳴らします。特に印象深いのは、夜坐が終了し一日の修行を終えた修行僧に就寝の時を告げる場合です。暗い堂内に木版が響きます。そうして、この句が低く声を引いて厳《おごそ》かに称えられるのです。修行僧は、また明日頑張ろうと心に言い聞かせながら、毎日この句を聞いて眠りにつきます。静寂の闇の中で、この言葉は心に染み渡ります。

# 七　「はっ」とさせられる言葉

(1)　祖仏、有を知らず、狸奴白牯《りぬびゃっこ》却《かえ》って有を知る。

南泉普願『祖堂集』

あの「南泉斬猫《なんせんざんみょう》」の南泉和尚の言葉ですから、よくよく考えてみる必要があります。「仏祖がその存在を知らないことがある、ところがそれを犬や牛のような動物がちゃんと知っているのだ」というのです。普通、仏祖は悟りを開いた者たち、真理に通じた者たちですから、何でも知っているように思われます。ところが、真理を見極める眼力を持つことと全てを知っているということは、少し意味合いがズレているのではないでしょうか。仏祖の眼はあらゆる偏見から解放されているのでしょう、その意味で真如を見通す眼です。だが、その眼が向けられていない方向は見ていないのです。千里眼や超能力を持ち出せば話は別ですが、彼らも人間の身体を持つ以上その身体能力の限界から逃れることはできません。ですから、仏祖が知らないことを他の動物が何らかの形で知っていたとしても、むしろそれは自然なことです。南泉和尚はこの当たり前のことを言ってのけたのですが、自分も含めて、それにハッとさせられる方がおかしいですね。特に現代のように科学的知識が増大した社会では犬猫の視力や聴力が人間のそれとは大いに異なっていることが常識になっています。人間の五感は限界を持っているんです。私たちはもっと謙虚に生きるべきではないでしょうか。

(2)　修行の彼岸《ひがん》に到るべしと思うことなかれ。彼岸に修行あるがゆえに。修行すれば彼岸到《ひがんとう》なり
永平道元『正法眼蔵』仏教

仏道修行は何のためにするのでしょうか。悟りを開くためとか、苦しみから脱却するためとか、言い方はいろいろありますが、ここではちょっと違った視点が示されています。「修行して向こう側に行ったら、もう修行は終わりというわけではない。向こうへ行っても修行は終わらないのだ」と言うのです。どういうことでしょう。一つは修行が終わったという油断を戒める意味もあるでしょう。そして二つ目は、修行に実は終わりはないということを諭《さと》しているのです。彼岸(向こう岸)の生活はそれまでとガラリと変わるというものではない。厳しい少欲知足の生活が、急に裕福で欲望を抑えなくても良い生活になるというのではないのです。もしそうなら、今までの修行生活は何だったのか、何か変ですね。道元禅師は、坐禅もそうですが、仏様の教えに従った行住坐臥《ぎょうじゅうざが》の修行生活をしている間、その人は仏様になっていると言っています。「行仏」の教

えです。それならば、修行をやめてしまったら、その人は仏様でなくなってしまいます。少なくとも仏様と一緒にいることができなくなってしまうでしょう。ですから、一旦お師匠様に悟りの境地を認められても修行は続けなくてはなりません。むしろさらに一所懸命修行に励まなければ本物の仏教者ではありませんね。この教えは「証上の修」などとも言われています。

## 八　仏の言葉

(1)　この生死は、すなわち仏の御いのちなり。これをいとひすてんとすれば、すなわち仏の御いのちをうしなわんとするなり。これにとどまりて生死に著すれば、これも仏のいのちをうしなうなり。ただわが身をも心をもはなちわすれて、仏のいえになげいれて、仏のかたよりおこなわれて、これにしたがいもてゆくとき、ちからをもいれず、こころをもついやさずして、生死をはなれ、仏となる。

永平道元『正法眼蔵』生死

平易な言葉で仏になる道を説いています。冒頭の生死とは生命という言葉に置き換えてもいいと思います。「私の命は自分だけのものではなく仏の生命である。だからそれを身勝手に捨ててはいけない。それは仏の生命を失うことになるからである。かといって、これに執着しても仏の生命を失うことになる。ひたすら自己の身も心も放ち忘れて、仏にお任せすると（仏の家に投げ入れて）、仏の方から働きが訪れるので、それに身を任せて従っていると、力むこともなく、心をすり減らすこともなく、生死に思い悩む事を離れて仏になるのである」、道元はそう述べています。これは実際にこういう過程を通った人にしか言えないことです。すなわちそれは仏の言葉なのです。

さて、言葉の内容はどのようなものでしょうか。仏道は通常血の滲むような修行をして、全てを犠牲にして、ようやく悟りに至る道だと考えられています。ところが、ここでは拍子抜けするほど単純に仏になる方法が語られています。「自分を捨てて仏の教えに徹底的に従うとそれは可能となる」というのです。ここには私たちの内にある「随順心《ずいじゅんしん》」を呼び覚ますことの重要性が指摘されているのではないでしょうか。「信じること」はあらゆる宗教の根幹です。「教えを信じそれに従って実行すること」にはリスクも伴いますが、絶対受動とでもいうべき心の可能性を考えてみる必要はありそうです。だって、仏の境涯はその先にあるのですから。

(2)　渓声《けいせい》は是《こ》れ広長舌《こうちょうぜつ》、山色《さんしき》豈《あ》に清浄身《しょうじょうしん》ならざらんや

蘇軾（東坡）『続伝灯録』

「渓谷のせせらぎの音は御仏のお説教の声、山の姿は御仏の貴いお姿ではなかろうか」というのです。この世界の森羅万象が仏法を説いている。山河大地のすべてが真理を語り続けている。そうした世界観がここには表明されているのです。どうしたらこうした世界の感得が可能となるのでしょうか。その方法はさまざまでしょうが、中国の禅宗祖師の中には、竹につぶて石の当たる音を聞いて悟った者や春咲きほこる桃花の景色を見て覚った者がいるのです。彼らはこの世界の事々物々に仏の声を聞いたに違いありません。また、仏法を学ぶには難しそうな仏典を勉強しなければならないと思っていた人たちには朗報でしょう。自然に親しむうちに、仏の教えに触れることができるなんて、なんて素敵でありがたいことでしょうか。

(3) 渓声は便ち是れ広長舌、山色清浄身に非ざること無し。夜来八万四千の偈《げ》、他日如何《いか》んが人に挙似《こじ》せん。

永平道元『正法眼蔵』渓声山色

前の蘇東坡《そとうば》の言葉をそのまま受けた道元の言葉です。緑豊かな渓谷に響く音声、谷あいを流れる川のせせらぎに聞き入った経験のある人は多いのではないかと思います。だがそれが仏のお説きになる声に聞こえたという方はあまりおられないかもしれません。しかし、ここでは仏教信仰の深い人々の耳に聞こえた渓声のお話です。「広長舌」とはお釈迦様の舌べろのことです。それは広くて長くていかにも立派だったと言われています。経典に三十二相ということが書いてあり、それは仏様の身体的特徴なのですが、「広長舌相」もその一つです。顔面を覆い尽くせるほど大きな舌を持っていたという、ちょっと信じがたいグロテスクな特徴ですね。多分これは、お釈迦様が優れた説教者だったことを表徴しているのだと思います。さて、谷を流れる水の音を仏様の説法の声に譬えたというより、私は本当にそれが聞こえるのだと思います。ただお坊さんが唱える読経の声のようなものというより、仏様が説かれる真理の教えの音声なのだと思います。そういう声を聞くことができるほどに信仰深い人々には、山の姿やその色合いもみんな仏様のお姿に見える。また、夜の闇の中から聞こえてくる虫の声までが仏の教え（八万四千偈というのは仏経典を指します）に聞こえるというわけで、それを他の人にどのように伝えようかというのです。この境地に至れば、この世界そのものが仏の音声に満ち溢れた仏土、あるいは仏身そのものと感ぜられることでしょう。誠に法悦とはこのことで、ありがたい限りです。

## 九　信の働きを説く言葉

(1)　信《しん》は道元《どうげん》にして功徳の母と為《な》し、一切の諸《もろもろ》の善法を増長す。

『華厳経』

『華厳経《けごんきょう》』の一節ですが、ここには「道元」の語が見えます。それが道元禅師の名前のいわれかどうかは知れませんが、これは「仏道の根元」といった意味合いです。信、つまり信仰・信心・信じることが仏道の根元であり、功徳の始母（こういう熟語はありませんか？）であり、あらゆる正しい善き教えを増大させるものだというのです。科学の世界でも重要な発見には、信じる力が必要だと言われます。望遠鏡を覗いて新しい星を見つけようという場合も、そういう星がきっとあるはずだと信じてスコープを覗くのと「そんなのきっとありゃしないよ」と半信半疑で覗くのでは大違いというわけです。ただし、その前提には綿密な計算やデータ分析が必要なことは言うにおよびませんけれど。信じる力というのは、いろいろなところに必要なのですね。

# 第二章　ココロに残るホトケの言葉

## (1)　露《つゆ》の世は露の世ながらさりながら

小林一茶『おらが春』

小林一茶の俳句ですが、「露の世」という表現が印象的です。全く気づかぬほど些細で儚《はかな》い露のようなこの世、だがそこに私たちの生活も人生もあるのです。人間の一生など儚く消える露のようなものだと達観したり憐れを覚えたりするのは、仏教の無常観に通じた考えですね。しかし、一茶は「さりながら」と力強く、あるいは未練がましく言うのです。仏教だって、「生死即涅槃」というようにこの無常世界が悟りの世界だと言います。「煩悩即菩提」といって、この迷いの世界が実は見方を転換すると菩提(悟り)の世界でもあると言います。だからこそ、この世界にグイッとしがみついて生きるというのもいいと思います。

(2) 今生《こんじょう》は一夜のやどり、夢幻の世、とてもかくてもありなんと、真実に思うべきなり

敬仏《きょうぶつ》『一言芳談』

今この人生など一夜の宿に逗留《とうりゅう》しているようなもの、ゆめまぼろしの世界のようなものであって、「どうでもいいわい」と本気で考えるべきだというのです。仏教的に言いますと、この世は浮世、現世、仮の世なのです。しかし、そこに身を置いている私たちは、そのことを知っているようで、あまり本気で考えていないところがあります。内側にいるとよく見えない外見もあるのです。仏教は少し違った外側の視点から、私たちが「現実に目を向けるように！」と教えてくれるのです。こういう視点の移動、発想の転換が人生には必要な場合があります。軽い気分転換になるという意味だけではなく、自分の立ち位置を遠くから俯瞰《ふかん》してみて、「なんてちっぽけなことで自分は悩んでいたんだ」と気づいて、生き方のリフレッシュや方向転換を図るためにも役立つのではないでしょうか。宇宙から地球を見た宇宙飛行士が「人生観が変わった」と発言しているのを耳にします。それほど劇的な経験ではないかもしれませんが、本気でそういう気持ちになる経験をしたとすると、大きな人生のターニングポイントになることは間違いありません。そして、その向こうにはさらなる境地があるようです。「生きながら死人《しびと》となりてなり果てて思うがままにするわざぞよき」（至道無難）。

(3)　香りも味も、浅く軽きを褒美《ほうび》す。然れば人も万事につき、浅く軽きがよし。塩たれたるは悪し

沢庵宗彭『東海夜話』

「香りも味も浅く軽いのがいいが、人も万事について浅く軽いのがいい。塩っぱいのは良くない」と沢庵和尚の言葉です。沢庵和尚は沢庵漬けの本家と言われるのですから、結構濃い味付けがお好きなのではないかと思うと、さにあらず、薄味が良いとおっしゃるわけです。健康志向ですね。これは味覚についての沢庵和尚の好みというだけではなく、人間についての嗜好でもあるようです。酸いも甘いも知り尽くした和尚が出した結論です。しかし、それは禅の嗜好でもありましょう。禅は茶の湯、生け花、俳諧などと結びついて、わびさび、しぶみ、かるみ（かろみ）といった数寄（好き）の文化を産みました。そういう好みが沢庵さんの人間観にも浸透しているのでしょうか。

(4)　梅檀《せんだん》の林に入って一枝も攀《よ》じず。崑崙山《こんろんざん》に陟《のぼ》って片玉《へんぎょく》をだも取らざるがごとし

源信『観心略要集』

日本で言うセンダンは「あふち」という木で漢方薬にもなり、銀杏のような身をつけて「千団子」などと呼ばれるそうです。その種を数珠玉にすることもあります。銀杏のような悪臭はしませんが、人が身を食べると食中毒を起こすようです。芳香はありません。なぜ知ったような口を利くかというと、私のお寺にはその木があったからです。それも最初からあったわけではなく、突然生えてきたのです。どうも鳥が種を運んできたようなのです。とても発育が早くて気づいた時は二メートルほどの枝を四方に伸ばしておりました。ネットで名前を検索してみますと、すぐに知れたとそんなわけです。ところが、インドなどでは栴檀は白檀のことを指すようです。「栴檀は双葉より芳し」という諺などにある芳しい香りを放つセンダンは、高価な香木として知られる白檀のことでしょう。その林に入って一枝もよじりとらず、崑崙山に登って一片の玉石も取らない。崑崙山は中国の神話伝説上の聖山で黄河の源流だとも言われます。玉石の産地とされています。栴檀林も崑崙山もお宝の宝庫です。そこにいて何も取らないというのは、その人が全くの無欲だということです。これこそ仏道修行者の理想であり、まさに仏陀の境地ではないでしょうか。あまり欲深くするのは良くないと思いますが、私だったらきっと何かを記念のお土産に持ち帰ったかもしれません。悲しいことに私はもう既に、あの香木や宝玉の価値を知っているからです。しかし、野の花のように、手で触れずにそっと鑑賞するのが良いものも沢山ありますね。

(5) まことに知る、智者の手に入るときは則《すなわ》ち黄葉もまた真金《しんきん》なり。愚者の手に落つるときは則ち真金もまた黄葉なり

白隠慧鶴『遠羅天釜《おらてがま》』

「知恵者の手にかかれば黄色い銀杏の葉もまた黄金に転じ、愚者の手に落ちれば黄金もまた価値なき一枚の銀杏の葉っぱに変じてしまうということを確かに知るのである」といった意味でしょう。世俗的な文脈でこの話を説明してみると、昔、ガラケーの携帯電話はゴミとして捨てるしかなかったようですが、賢い人が現れて、「こいつはレアアースの山だ、いい商売になる」と思いついてからは、それらはゴミどころか宝の鉱脈だということになったという話はまだ最近のことです。また、お金も賢明な運用をすれば新たな富を生みますが、つまらぬ浪費をすれば無価値な紙切れになってしまいます。世俗の世界でもこの白隠の言葉は教訓になりそうですね。

しかし、ここで言われる「智者」とは、単に賢い人、智慧者というのではなく、次元の異なる仏智者ですね。たとえば、何でもないガラクタ（障壁瓦礫《しょうへきがりゃく》）やアリノママの山河大地、月や花々が真理を説く経典であると見えるならば、それらはまさに仏道修行の至宝です。この言葉の真意はそういうことを言いたいのかもしれません。

(6) 花の開くは栽培の力を仮らず。自《おのず》から春風の伊《かれ》を管待《かんたい》する有り

南浦紹明『大応国師語録』

ガーデニングをしていますと、この心はよくわかります。人間は何事にも傲慢ですから、自分勝手な捉え方をします。まして良い結果が出ますと、それは自分の力、自分の手柄だと勘違いしてしまいます。花が庭先で立派に咲きますと、「自分の育て方がうまかったからだ」となります。肥料をやったり剪定《せんてい》をしたり、もちろん人間の力は大きな役割を果たしていますが、何よりも日差しや雨やそういう自然の恵みの力に勝るものはありません。人間の力を借りなくても、野原の草花は毎年芽を出し可憐な花を咲かせるのです。「春風の歓待」とはそのことでしょう。ただ自然の力は逆に試練を与えることもあります。また、人間の力も間違った使い方をしますと、植物に災難を撒《ま》き散らします。これって何だか、とても複雑で難しい現代の環境問題の縮図のような話だなと思えてきました。

(7) 譬えば、微塵《みじん》の内に一大経巻あるがごとし

『華厳経』

(8) 仏法の大道は、一塵《いちじん》のなかに大千《だいせん》の経巻あり、一塵のなかに無量の諸仏まします。一草一木、ともに身心なり

永平道元『正法眼蔵』発無上心

まずは『華厳経』の壮大な宇宙観です。この経では宇宙は盧遮那仏《るしゃなぶつ》という仏そのものです。全てがこの仏の世界と言ってもよろしい。そして、こうした構造の仏の世界が無数に存在するとも言われます。マクロ世界にもミクロ世界にも縦横無尽のパラレルワールドが存在します。一面で古代の人々の想像力は現代人のそれをはるかに超えているとも言えます。二つ目の言葉も同類の世界観に基づいています。禅の教えには他にも「一顆明珠《いっかみょうじゅ》」などという美しい表現が古くから伝わっています。この世界は一粒の明珠のようなものであり、その中に無尽の世界があるという、これも同類ですね。

それゆえ、このミクロの世界に仏がおられ、仏の声が満ちているという考えが生じたのは必然です。加えて、これらの考えは人間の謙虚さを強く反映しているのでしょう。この世界を人間は支配できるのだというような傲慢な人間中心主義の対局の世界観がここにはあります。

(9) 一時《いっとき》坐禅すれば、一時の仏なり。一日坐禅すれば、一日の仏なり。一生坐禅すれば、一生の仏なり

円爾弁円『聖一国師仮名法語』聖一国師密開示九条大臣坐禅論

これは鎌倉中期の臨済宗の僧、京都東福寺の開山円爾弁円《えんにべんねん》の言葉です。禅宗の修行においては坐禅が最も重要ですが、坐禅をしている修行僧の背中を見ていると、まさにそれは仏の姿と映るのです。道元も「行仏」ということを言って、仏の教えに従って修行している間は、行住座臥のすべてにわたって、その修行者は仏と共にある、むしろ仏であるとおっしゃっていることは既に触れました。四国のお遍路さんの「同行二人」というのも、この場合は弘法大師がお遍路さんの同行というわけですが、いつも仏様と一緒というのはよく似た関係でしょうか。いずれにせよ、坐禅している僧は、その坐っている時間中は仏さんと共にある、あるいは仏さんになっているという感じは修行現場の実感です。それに坐っている間は、たしかに悪さはできませんもの。

(10) 氷と水と相《あ》い傷《そこな》わず、生と死と還《ま》た双《ふた》つながら美《よ》し

寒山『寒山詩集』

氷と水の説示です。寒山というのは寒山《かんざん》さん拾得《じっとく》さんとしてセットで親しまれています。中国の寒山寺に行ったことがありますが、「月落ち烏啼いて霜天に満つ」で始まる張継《ちょうけい》の旅愁を詠った詩でも有名です。ここでの寒山は、この寺とは無縁で、国清寺にいた拾得と親交のあった風狂の詩僧で、『寒山詩集』に拾得のものと共に詩が残されています。だが、伝説的な人物で実在したのかどうか不明です。ここでは「氷と水は互いに傷つけ合わない、それと同様に生と死はぶつかり合わず二つともそれでよい」と言われています。水と氷の化学記号は同じです、温度によって状態が変化するだけです。人間の生死はもっと複雑で「肉体とは？精神とは？」といった議論が当然あります。しかしながら、生・死と言われるものがお互いに対立し争っていて、最後は死が勝利を収めるといった考えは戯曲のセリフとしてはありえても、ちょっと違うのではないかと思います。なぜかというと、我々が生きて動いている間も細胞レベルでは生と死は共存していると言います。死ぬ細胞と生まれる細胞のバランスの上に我々の肉体は存在しているのでしょう。こうした説明は現代のものですから、寒山は知る由もないので、少し意味が異なっているでしょう。それは生も死も自然の成り行きなのだから、どちらが良くてどちらが悪いというものではない。両方とも「美《よ》し」として受け入れればいいのだ、とでも言いたいのではないかと思います。

⑾　仏と衆生とは、水と氷のごとし。氷にてある時は、石かわらのごとくにして自在ならず。とくれば本《もと》の水にて、縁に随《したが》いとどこおることなし。

抜隊得勝《ばっすいとくしょう》『塩山仮名法語』

この言葉も水と氷に関わるお示しです。「仏と衆生の関係は、言うなれば水と氷のようなものである。氷の時は石や瓦のように硬くて自由に動くこともできない。しかし、氷が溶ければ元の水であるから、その状況に応じて止まることなく流れゆくのである」といった意味です。一体どんなことを説き示そうとしているのでしょう。まず気になるのは、譬えるなら仏と衆生と、どちらが氷でどちらが水なのでしょうか。多くの皆さんが、水が仏で、氷が衆生であると答えると思います。なぜか、悟りを開いた仏は何ものにもとらわれず、流れてゆく水のように自在な心をお持ちですし、衆生はどこかに執着心を持った、頭の硬いところがあると想像できるからです。しかし、その執着心を持った衆生も、それを捨てれば仏になれるのです。この譬えの優れたところは、仏も衆生も元は同類であるということを氷も元は同じ水だと説いているところです。事実ですが、仏教では、キリスト教の神と人の関係のように、両者を全く異質の存在とは考えません。仏とは人々が一生懸命修行して到達する覚者なのであって、仏も元は我々と同じ人なのです。そうでなくては、我々が仏教を信じて修行して仏の境地を求める意味が説明できませんし、仏教そのものの根底が失われてしまいます。仏も衆生も元は水なのです。

⑿　身は華とともに落つれども、心は香《か》とともに飛ぶ

空海『続性霊集《しょうりょうしゅう》』

身と心を花とその香りに仮託して語っています。「花の散り落ちるように、身は滅びゆくとしても、その花の残した香りのように、心は高く飛翔するのだ」という空海の本旨は一体奈辺にあるのでしょうか。「虎は死して皮を留め人は死して名を残す」という諺があります。ルーツは中国の故事に由来するようです、オリジナルは虎ではなく豹ですけれど。この諺のように、死んでも後世に名を残すような生き方をせよというのが空海の本心でしょうか。ただし、相手は空海です。有り体《てい》の世間的願望ではないと思います。仏法興隆の熱い志がそこにはあると思います。

⒀　人の心は水の器に従うがごとし。器方《しかく》なれば則ち方なり、器円《まる》ければ則ち円し

源信『観心略要集』

わかりやすいたとえ話です、他の人も同様のことを言っていると思います。ここでは「人の心」

が取り上げられています。人の心は柔軟で器の形に従う水のようだというのですけど、本当に人心はそんなに柔らかいのでしょうか。そうとも言えませんね。生まれ育った環境が心の形成に大きな影響を与えるなどと言われます。それに若い時には柔軟でも年を重ねるにつれて頑固親父になっちゃうなどということもありそうです。逆に、無理やり強制して子供をしつけるというとマインドコントロールと言われかねません。そもそも柔軟な心は、そんなに良いものでしょうか。状況によってはそのような心は「優柔不断」「日和見主義」などという言葉で揶揄《やゆ》されることもあります。難しいところです。しかし、禅仏教で柔軟心《にゅうなんしん》などというのは褒《ほ》め言葉です。「臨機応変」「当意即妙」などという言葉が示すのは自由で創造性豊かな心を賞賛しているのではないでしょうか。

⒁　いにしえは心のままにしたがいぬ今は心よ我にしたがえ

一遍智真『一遍上人語録』

なかなか興味深い宗教歌を残している一遍《いっぺん》上人の一句です。「かつては心のままに従って行動していたが、今は心よ、わたしに従いなさい」というのです。かつての一遍の心とはどのようなものだったのでしょうか。具体的な思いはわかりませんが、自己の欲望に任せた生き方をこのように言い表しているのではないでしょうか。そして、今はそういう欲心を押さえられる自分があるというわけです。欲心というのはどんな人間にもあって、しかも一つとして同じものはありません。千差万別の欲心です。雑草のように大変根深いもので簡単に抜き取ることはできません。お上人もまた、長い年月を経てようやく欲心の抑制ができるようになったのでしょう。まして私たち凡人にはこの心の抑制は至難です。いつになりますことやらと自嘲するばかりです。西洋でも「節制」は倫理的美徳です。セルフコントロールという言葉は大変広い意味を持っていると思いますが、酒もタバコもやめようと思うと、一筋縄ではいきません。ダイエットで好きな食事のコントロールともなると相当な決意と実行力が要ります。しかし、どこかに転換点があります。聖アウグスティヌスという人は若い時には随分好き勝手な生活をしていたようですが、『告白』という本によるとある時期に急に回心したようです。年齢《とし》の然らしめるところもあると思います。何回かの禁煙失敗の後で、私も突然に苦もなくタバコをやめられました。

# 第三章　ココロを映すホトケの言葉

(1)　目近きことを知らずとて、人を恥かしむべきにあらず。めずらしきことを一句知りたりとて、人を高くみるべきにもあらず

沢庵宗彭『東海夜話』

「目の前のこと（流行の話題や常識）を知らないからといって、相手を恥ずかしめる（バカにする）べきでない。博識で珍しいことを一つ知っていたからといって、その人を高く評価するべきでもない」との教示です。他者に対する評価をするとき、私たちが知らず知らずのうちに行っているやり口を戒めています。問題は知らぬ間に、何とはなしにやっているというところでしょうか。私たちはついつい「こんなことも知らないのか、常識じゃないか」と口に出したり、出さなかったり、相手を下に見たり、「へえ、そんなことまで知ってるのか、すごいなあ」と声をあげたりあげなかったり、相手を上に見てしまうのです。人間は周りの人々を格付けするのが大好きです。

でもちょっと冷静になって考えてみると、「大同小異」「五十歩百歩」「団栗《どんぐり》の背比べ」ではないでしょうか。最近は情報社会で情報量の多少が勝敗を決するとも言いますが、大宇宙のどこかからやってきた、人間よりずっと優れた知性を持つ種が人類を観察したとしたらどうでしょうか。まあ、そこまで飛躍しなくても、常識人もオタク的マニアック人間も、その持っている知識の使い方の良し悪しが大事なんじゃないかと思うのです。

(2)　それ通達の人は、刀を用いて人を殺さず、刀を用いて人を活かす

沢庵宗彭『太阿記』

沢庵和尚は柳生但馬守宗矩《やぎゅうたじまのかみむねのり》と親交がありました。柳生宗矩は徳川将軍家の兵法指南役で、柳生石舟斎《せきしゅうさい》の息子で剣術の名人です。その宗矩に与えたと言われる『不動智神妙録《ふどうちしんみょうろく》』には「剣禅一如」の教えが示されています。その要旨を簡単に言うと、剣の道と禅の道の極まるところは同じだというのです。さて、その至極の境地がこの言葉に表れています。「剣の達人は刀を用いても人を殺さず、むしろ人を活かすのだ」というのです。世に言う「殺人剣・活人剣」の教えです。私は剣道を知りませんが、理屈は何となくわかります。剣術を磨くと言っても、それは相手を切り殺す技術を磨くというのではありません。それは自己鍛錬、身心を鍛え上げるということです

が、同時にそれは他者を知ること、見極める力を磨くことでもあります。そして、剣を抜かずして、相手をも退かしめるような、そういう気迫を身につけるということではないでしょうか。和尚はこんなことも言っています。「願くは勝つことを悦ばず、負くることを怒らぬ心になりて、夢の勝負を勤めずして、勝ちも負けもせぬ人たらんは如何ぞや」（東海夜話）「勝ちも負けもせぬ人」こそ、剣の達人であります。これはすなわち、兵法の極地でもあるのです。最近の言葉で近いものを探すと「ウイン＝ウインの関係」ですか？　ちょっと違うかなあ。

(3)　思わじと思うも物を思うなり思わじとだに思わじやきみ

沢庵宗彭『不動智神妙録』

同じく、沢庵和尚の句ですが、理屈っぽく聞こえるのは私だけではないでしょう。仏教では煩悩を振り払え、邪念を捨てよなどと言います。そういう自分の計らいや我欲は悟りの敵です。坐禅をやってとことん自分と向き合って自分の煩悩を振り払ったと思ったら、それを捨てようと思っている自分の思いだけが残っていたというわけです。釈尊が修行中に師事した修定家のウッダカ・ラーマプッタという方の教えた「非想非非想処定」というのもそこを目指した瞑想でした。このように自己意識まで白紙にしようという方向性は、西欧の人間中心思想とは随分異なったものです。例えば、近代西洋哲学の基礎を築いたデカルトは「我思う、ゆえに我あり」を認識論の出発点と考えました。このコギトの自覚が合理論の起点というわけです。しかるに、東洋では自己意識の徹底的排除を介して真理への道が開かれると考えているのです。真逆ですね。

## (4)　山水には得失なし、得失は人の心にあり

夢窓疎石『夢中問答』

夢窓疎石のこの言葉は、実に端的で記憶に残ります。「たしかに！」と瞬間的に膝を叩いてしまいます。しかし、裏を返すと、人間は欲深い生き物でどんなところにも損得勘定を持ち込むのです。どこかの山に金の鉱脈が見つかれば、瞬く間にゴールドラッシュです。美味しい水源が発見されると一人占めして健康飲料水として売り出します。むかし、何作目かの『キング・コング』を見ましたけれど、珍しい大ゴリラが見つかると、捕まえて見世物にしようと商売気丸出しで、人間は危険をものともしません。あの映画は現代物質文明に対するシニカルな批判を根底に持っていました。コングは本来損得とは無関係な自然的存在なんです。

夢窓は庭造りの名人です。西芳寺（苔寺）など多くの名園を手がけました。きっと自然と損得勘定なしに向き合うこと、虚心坦懐に眺めること、さらに言えば、それらを心から愉しんで見る

ことを求めたに違いありません。

(5) 極楽に行かんと思うこころこそ地獄に落つる初めなりけり。

夢窓疏石『夢窓仮名法語』

これも夢窓国師の言葉です。極楽往生を願う心が、地獄に落ちる発端だというのです。何でそうなるのでしょう。一方の立場から言えば、信心が強ければ、強いほど往生は近づくはずです。「悪人正機」の人間観に立てば、悪人とはすべての愚かな凡夫のことですが、中でも「罪悪深重」「地獄一定」の自覚の強い者ほど信心の心深く、それゆえ救いを受ける正機とするのではなかったでしょうか。ところが今、国師は信心の強さが地獄行きの始まりにつながるとするのです。結局、それは往生への強い思いが「欲」になるということでしょう。「欲心」が排除されねば「解脱」はないというのが仏教の根本です。国師は「もし人、欲心を捨てんと思う志、福を願う心のごとく懇切ならば、捨てがたしとはいうべからず。(夢中問答)」とも述べています。国師は臨済宗の僧侶です。おそらく、暗に、あるいは明らさまに、浄土門を批判しているのです。自力他力の二道は同じ仏教なのにこうも違う結論に達するのですね。

(6)　利根才覚《りこんさいかく》、鼻先出るは、誠《まこと》修行の足らぬ故。しれた事でも、しれぬというが、それが誠の智者じゃもの。智者と言われて喜ぶならば、それが愚かな人じゃもの。

白隠慧鶴『草取唄』

白隠禅師は江戸時代の禅僧です。臨済宗の中興の祖といわれる偉大な方です。墨跡も禅画も達者で今でも大変人気があります。禅師の達磨図はご自身の頂相《ちんそう》（肖像画）に大変よく似ていて、ギョロ目でどこかマンガチックでユーモラスです。さて、この文は「草取唄」といって広い意味の労働歌ですね。田植えの終わった後の田んぼで草取をするときなどに、歌いながら元気を出し合って辛い仕事をするときの唄なのでしょう。禅師は他にも「粉引歌」なども作っています。そうやって農民などにわかりやすく仏の教えを伝えようとの工夫です。お説教というのは、ついつい堅苦しいものになりがちですから、こういう工夫は現代の僧侶たちにも見習うべき点がたくさんあるのではないでしょうか。意味は「お利口さんなところ、才能のあるところが見え見えなのは修行が足らないのだ、知っていても知らんぷりするのが本物の知恵者で、周りから賢いといわれて喜ぶようなのは愚か者だ」というのです。その通りですね。仏教でも身口意の三業といって愚かさはこの三つから生まれるといいます。ものしりを吹聴して皆にきらわれるなどというのは、身から出た錆というわけです。

(7) 何《いず》れも死後を待ちて利益に預からんとうち延ばしたもうは、不覚油断の至り、おぼつかなきものぞかし。

白隠慧鶴『遠羅天釜』

白隠の『遠羅天釜《おらて(で)がま》』という仮名法語に載ります。タイトルは禅師が漸次愛用した茶釜から来ているそうです。「死後を待って利益に預かる」とは、どうも極楽往生を説く浄土教を批判しているような言い方です。死後の世界、そんな先のことを願っても保証などない、おぼつかないことだというのです。この書には禅師の禅についての考え方や『法華経』観が示されています。また、念仏と禅を比べてその優劣はないと言っているようです。ただし、念仏も見性

白隠頂相
いつもギョロ目の白隠達磨
画師の似姿瓜ふたつ

の手段と考えて、あくまでその現世での意味を強調するのです。現実主義ですね。しかし、当時どこにも希望や救いを見出せないような人々が、来世に念《おも》いを託すというのはアリ（有）だったかもしれません。現代においてさえ、地球上には祈ることでしか救われない人々が数え切れないほどいるのですから。これは禅師自身が強い精神力の持ち主だったからこそ、言える言葉だったかもしれませんね。

(8)　学道の人、言《ことば》を出さんとせん時は、三度顧みて、自利、利他のために利あるべければ是れを言うべし。利、無からん時は止まるべし。

永平道元『正法眼蔵随聞記』

「仏道を学ぶ者たちよ、何かを語ろうとする時には、三度反省して、その言葉が自分にも他人にも役に立つかを考えてから語るべきである、もし役立たないと気づいたら言うのをやめるべきである」という道元禅師の説示です。ここにも「身口意の三業」への用心が示されています。現代でも「口は災いの元」と言いますものね。でも、そういう仏教の基本的な教えへの戒めというだけでなく、これはきっと禅師自身の痛い経験か、あるいは弟子や他の人の事件を目の当たりにしてかわかりませんが、実際にあったのではないかと考えてしまいます、あまりにも臨場感のある言い方ですから。私たちも自分の発した言葉で苦い経験をしたり、他者の心ない発言ですごく傷ついた経験を持っていると思います。それでなるほどと合点するのですが、調子にのると思わぬ言葉を吐いてしまうのが、人間の浅はかさなのです。肝に銘じましょう。

(9) 仏となるに、いとやすき道あり。もろもろの悪をつくらず、生死に著《じゃく》する心なく、一切衆生のためにあわれみふかくして、上をうやまい下をあわれみ、よろずをいとう心なく、ねがう心なくて、心におもうことなく、うれうることなき、これを仏となづく。またほかにたずぬることなかれ。

永平道元『正法眼蔵』生死

以前に取り上げましたが、道元は自己を全て捨てて仏の家に投げ入れることが仏になる易き道だと説きました。ここでは一層具体的な表現でそれを説明しています。

「仏になるのに大変簡単な道がある。諸々の悪を作らず、生き死にに執着する心なく、一切の生きとし生けるものの為に憐れみ深くして、目上のものを敬い下のものに憐れみ深く、万事を嫌がる心なく、また願う心もなくて、心に思い悩むことなく、憂うることもないとき、これを仏と名付けるのである。それ以外に（仏を）求め尋ねてはいけない」

単純明快な指摘です。誰にもできそうだと錯覚してしまいます。もちろん、仏教説を外れることはなく、それに準じています。ただ、私は思うのですが、単純な言葉ほど含蓄があって、しかもそれらが何かの実行を要求しているようなら、その完全な遂行は難しいものになります。これらの説示もやはりその類でして、「言うは易く行うは難し」でしょう。

⑽　道は無窮《むきゅう》なり。さとりてもなお行道《ぎょうどう》すべし。

永平道元『正法眼蔵随聞記』

もう一つ道元禅師の言葉を紹介します。「道は窮まるところがない。悟ってもなお修行すべきである」というものです。よく修行は何故するのか、修行の目的は何かと考えてしまうのは人情というか、我々は何かを勉強したり、訓練したりしているときに、その途中で考えてしまいます。それは自分のモチベーションの確認でもあります。困難な長い道のりであればあるほど、くじけそうになるものです。

ところが、禅師の考えは少しく違った見方です。これを「証上の修」とか「本証妙修」とか「悟後の修」とか申します。悟りを目的などと考えてしまうと、悟ればその後目標を失いかねません。まあ、悟りを開くような人物はそんな浅はかな考えは既に乗り越えているでしょうから、おそらく、こうした説示は未熟な修行中の者たちに、心を引き締めるように諭しておられるのだと思います。

さらに、一般的な技術的訓練などは、ある程度の水準に達すればひとまず修了ということになりますが、自己探究を目指す禅の修行には終わりはないのでしょう。死ぬまで修行であり自己究明の道は続くのです。そのように真摯に仏道修行を継続している間はその修行者は仏様なのです。

(11) しわがよるほくろがでける腰曲がる、頭がはげるひげ白くなる
手は振るう足はよろつく歯は抜ける、耳は聞こえず目はうとくなる
身に添うは頭巾襟巻《ずきんえりまき》杖眼鏡、たんぽおんじゃくしゅびん孫の手
聞きたがる死にとうながる淋しがる、心は曲がる欲深くなる
くどくなる気短かになる愚痴になる、出しゃばりたがる世話やきたがる
又しても同じ話に子を誉める、達者自慢に人はいやがる

仙崖義梵「老人六歌仙」

この歌には「老人六歌仙」と書されています、当然そんな歌仙グループなんて架空です。仙崖《せんがい》義梵《ぎぼん》という画僧の作です。画家を目指した方ですが、墨絵は滑稽で変幻自在です。この歌も画賛

の賛で見たことがあります。色々ユニークな仙崖和尚です。亡くなる時の「死にとうない」と禅僧らしからぬことを言ったとか、色々エピソードがあるそうです。

「シワが寄る、ホクロができる、コシ曲がる、頭がハゲる、ヒゲ白くなる」

「手は震え、足はよろつき、歯は抜ける、耳は遠くなり、目は見えなくなる」

「身にフィットするのは、頭巾と襟巻と杖と眼鏡、湯たんぽ、温石（懐炉）、尿瓶《しびん》と孫の手」

この前半部は、老人の惨めな外見的特徴を歌にしています。

「何かと（噂などを）聞きたがる、死にたくないといい、寂しがる、心はひねくれて、しかも欲深くなる」

「話がくどくなり、短気になり、愚痴ばかり言う、ともすると出しゃばりたがり、要らぬ世話を焼きたがる」

「いつも同じ話をして、我が子を褒《ほ》める、達者なことを自慢するので周りの人たちは嫌がる」

後半の三句は、老人の心情の醜さを描き出しています。

ただ、こうした老人たちの姿を悪意で見ているのかというとそうではありません。面白がって「次は我が身だぞ」とユーモラスに捉えているようです。仙崖自身が我が身の有り様を省みて苦笑して舌を出しているようにも思われます。それにしても、典型的老人像をここまで描写した、禅師の観察眼はさすがです。

⑿　富貴《ふうき》を浮雲《ふうん》にするの風《ふう》ありて、必ずしも岩棲穴処《がんせいけっしょ》せず。泉石《せんせき》に膏肓《こうこう》するの癖《へき》なくして、常にみずから酒に酔い詩に耽《ふけ》る。

洪自誠『菜根譚』

洪自誠《こうじせい》は、中国明代の著述家で儒・仏・道の三教一致思想の立場に立って『菜根譚《さいこんたん》』などの書を残しています。道教や仏教をよく研究してわかりやすい解説をしました。ここでは本物の仙人達人とはどのようなものかを説いています。それは「世俗的な富貴を浮雲のように軽く取るに足らないものとして一向に執着しないが、かといって人里を離れた山奥の洞窟に住み暮らすようでもない。自然を好んでも泉水や庭石に凝るような趣味もなく、変わらず市井に生きてただ酒を酌み交わし詩作に明け暮れる」というのです。これが本物の神仙・悟達者だというわけです。私たちは、仙人と呼ばれるような人物は世俗生活を好まず、深山幽谷に隠棲していると考え、また、そうでなくても自然愛好家で住処をそれらしく造作して静かに人知れず暮らしていると、その方が似つかわしいと思い込んでいますが、本当の仙人は案外と身近なところにいて、普通の生活をしているというのです。夜の酒場を徘徊しますと、いろんな人に出会います。博学な人や饒舌《じょうぜつ》な人、くわせ者や乱暴者、なかなかの紳士淑女など、老若男女さまざまですが、中には静かに黙々と酔っ払って、こちらが気付かぬ間に姿が消えているような御仁《ごじん》がいます。これこそどこかの仙人達人なのではないかと思うことがあります。あまりに色気のある者やそれらしい者は本物ではないかもしれません。仙人もいかにもそれらしいというのは怪しい。仏教者も坊さん臭いのは怪しいのかもしれません。

# 第四章　禅と自然

百花繚乱《ひゃっかりょうらん》・百花斉放《ひゃっかせいほう》・千紫万紅《せんしばんこう》の季節などという言葉があります。日本の四季はさまざまな花木を育んできました。私たちは、それらの美しい情景に目を奪われ、それらをいとおしみ、楽しんできました。禅の達人たちは、それらをどのように言い表しているかを考えてみました。禅の好みは文筆家の凝った表現とは少し違うのではないでしょうか。それは「ありのままを飾らずに表現すること」、むしろ「朴訥《ぼくとつ》」「素直」に、それでいて「写実」ではなく自然の息吹を力強くアリアリと示す言葉を好しとします。これを禅では「活句《かっく》」と言います。

## (1)　柳は緑　花は紅、真面目《しんめんもく》

蘇軾（東坡）出典は窓の外？

「柳は緑です、花は紅色です」って非常に視覚的な風景描写ですけれど、ありきたりな感じもするんです。でもそれが「真面目」、ありのままの自然の姿だというのでしょう。柳の若葉が風に揺られて、桃の花の紅の花びらが同時に目に飛び込んでくるというタイミングは春ですね。柳と桃と、緑と紅とどちらが近景でどちらが遠景なのでしょうか。現実に眺めたらどちらでもそれは美しいのですけれど、私は手前に鶯色、遠くに淡く桃色の風景がいいんじゃないかとイマジネーションを膨らませます。それもありのままの人の心象風景なんじゃないかなあ。

## (2) 雲は青天に在り、水は瓶《へい》に在り。

薬山惟儼『祖堂集』

青い、青い、どこまでも深い天空に白雲が浮かんでいます。視線を落とすと、水はビンの中にちゃんと納まっています。在るべきところ、収まるべきところに、ものがあるということが自然ということです。三十年以上前に中国で薬山寺の跡を訪ねたことがありました。小高い丘陵に寺はなく碑石らしきものが一基佇んでいました。見渡す限りの草原を強い風が吹き抜けていきました。麓の村に戻ると、地元の人々が待っていてくれて、もの珍しそうに視線を送りながら歓迎してくれました。丘も風も、村人たちもみんなこの句のようにありのままでした。それらを私も自然に受け入れていました。

(3)　山是山　水是水

雲門文偃『雲門広録』

極限まで単純化された表現、それは同語反復かもしれません。同じ言葉の間にイコールを挟むだけの表現です。「是《これ》」は指示代名詞で、しかもその上下を肯定的に結びつけています。つまりイコールマークです。山は山であり、水は水であると。普通に「私は私だ」などというと、それ以外には説明不可能か、あるいは説明不要を意味しているのではないでしょうか。もう一つ考えられるのは、山のことは山にしかわからない、水のことも水にしかわからないということ、つまり、本当の山は私たちの知っている山ではなく、本当の水は私たちの知っている水ではなく、それも含んで、それ以上の何かということを言ってるんじゃないかというわけです。面白そうですね。

(4)　青山元不動　白雲自去来

『禅林句集』

現代語訳は「青山は元来動かないものです。そこへ白雲が自ずとやって来て、そして去ってゆくのです」でどうでしょうか。これは客観的事実です。ところが、動かない青山をじっと眺めている時に、山の上を白雲が飛び過ぎていきますと、まるで山がズンズンと動いているように思えることがあります。これは錯覚です。電車の車窓から風景が動いているように見えるのと同じ理屈です。ですが、見ている私にとってはそれが実感、リアリティなのです。要するに錯覚もありのままの事実、いうならば主観的事実なのです。どっちも事実なんじゃないかと、個人的には思います。

### (5)　庭前柏樹子

趙州従諗『無門関』『従容録』など

趙州禅師の言葉といわれています。あるとき一人の僧が尋ねます「一体達磨大師がインドから中国へおいでになった真の理由は何でしょうか」。禅師の答えが「庭の柏樹だ」でした。ちなみに柏樹は柏餅でおなじみの日本で言う柏の木とは異なります。柏槙《びゃくしん》とかイブキと言われるヒノキ科の樹木です。その木が偶然あったのか、それとも必然と考えるか、それはどちらでもよいことだと思います。大切なのは禅師が間髪入れず、そう答えたことです。それは柏樹でなくても良かったと思います。心境一枚の眼前の事物そのものをありのままに捉えること、それを教え伝えること、たったそれだけが祖師西来の意味だというのでしょう。この言葉について妙心寺の開山、関山国師は、「柏樹子の話に賊機あり」と言ったそうです。何もかも奪ってしまう盗賊のような力があるというのです。見ないように無視しようとしても、通り過ぎようとしても、どうしても惹きつけられてしまう魅力があるのです。

(6) 三世の諸仏、火焔裏にあって大法輪《だいほうりん》を転ず。天下の老和尚、露柱《ろちゅう》裏にあって大法輪を転ず。永平老漢、拄杖《しゅじょう》裏にあって大法輪を転ず

永平道元『永平広録』

道元の現成公案説（世界は真理を示すテキストである）は万象森羅から学ぶという姿勢を示しています。森羅万象に真如が現れているのを発見すること、そしてそれを体認することが悟りだと言っているようです。周りのありふれた事物が法（真理）を説いているという考えは『法華経』の中の「無情説法（無情なものが法を説いている）」といった言葉にも示されています。道元は修行生活で出会う諸々の事物、例えばロウソクの炎やカマドの種火、本堂の丸柱や和尚の持つ杖の奥で三世の諸仏が、天下の老和尚が、そして禅師自らが説法をしているというのです。しかし、この説示の真意は、単にそこにあるものが仏法を説くための材料・調度であるということではあ

りません。そこにある物自体が開示しているものが、諸仏祖の説く仏法であり、それを説き続けているのが修行者の周りにある事々物々だというのです。「拄杖」が説くのは「拄杖経」、「払子《ほっす》」が説くのは「払子経」であり、「露柱」の説くのは「露柱経」ということになります。

(7)　瞿曇《くどん》、眼睛《がんぜい》を打失する時、雪裏の梅華只一枝のみ。而今の到処に荊棘《けいきょく》を成ず、却って笑う、春風の繚乱として吹くことを

永平道元『正法眼蔵』梅華

道元の師、天童如浄禅師の言葉として伝えられています。

「じっと世尊（瞿曇）が眼をつぶれば雪中に一枝の梅花がかおる、いまは（まだ花の時節には早く）いずこも茨ばかりだが、やがて春風は繚乱として吹こう」

さまざまに受け取れ想像力をくすぐられる言葉です。「眼睛」は文字通り目・眼差しと理解することもできますが、心眼（悟りの眼）を意味することもあります。お釈迦様が俗眼を閉じたら心眼が開いて一枝の老梅樹が見えたという風情でしょうか。それにしてもお釈迦様のおられたインドの地に梅はあったのでしょうか？時代と場所を超えて仏法の法脈が如浄禅師に連なっているのでしょうか。老梅樹は仏祖の法統です。それが如浄に至り、やがて花を咲かせて命が受け継が

れていくさまを夢見て微笑んでいるというわけです。この後にも文が続いているのですが、師匠(如浄)への道元の思いが、まるで連想ゲームのように、さまざまな梅の様相に連鎖して、それにつれて、師への敬慕の思いと師の教えが世界に広がって、それが人々へとさらに連鎖の輪が広がってゆく様子が述べられています。季節の移り行きや自然の風物は淡々と語られることが多いのですが、時には特別な思いが込められるものがあります。道元にとって梅の花は特別です。それは師匠の教え、禅風の象徴です。私たちでも、毎年春が来ていろんな花が咲き始めると、懐かしい人を思い浮かべることがあるでしょう。その思い出は私たちの中に生きているんです。繰り返しますが、梅は仏祖の法統を表すものであるとともに、師の家風の象徴であり、師の思い出のトリガー(引き金)なのです。

(8) 三春《さんしゅん》、果満つ菩提の樹、一夜、華開いて世界香し

永平道元『永平広録』

この語句は自然描写ではありません。菩提樹は春に身を結ばないし、三春を三年と読んだとしてもその歳月で成熟した樹形にはならないのです。それでも、ここには菩提樹の花の開花とその香りの広がってゆく様子が描かれています。あるいはここでの菩提樹とは、悟りの樹、仏法の系

統樹を指しているのかもしれません。しかし、これらの表現は明らかに道元が目にした実際の春の情景と結びついていて、その季節のうららかな一日の出来事を思い起こさせてくれます。もしそうだとしても、道元は眼前の春色の美わしさを単に叙情的に唄ったわけではありません。そこには、釈尊成道の故事につながる、悟りという出来事の諸相が寓意的な手法で示されているようです。つまり、春は悟りの機の熟した時を、花はまさに悟ろうとしている人を、そして「華開」の語は悟りの瞬間の様子を示唆しているように思えてならないのです。加えて、花の馨しい香りが天地に満ちゆく様は、悟りがひとりの人間の主観的体験でありつつ、その体験自体が世界を包む拡がりを持っていることを示唆するようでもあります。あるいはまた、釈尊の悟りの教えが、広大な世界に受け継がれ浸透し広がりゆく姿を表現しているのかもしれません。いずれにしても、これらの言句は、毎年やって来る現実の春と花々の咲き誇る様とに重なり合いながら、禅師の教示を受け取る全ての者に、悟りの教えを語りかけているのでしょう。

また、禅には「華開世界起」という言葉もあります。華の開くのは、その植物自身の出来事と通常は考えます。それに一輪の華が開いたって世界は変わらないと考えるのが普通です。さらに世界があるから華も開くのです、花が開いて世界が起こったなんて、本末転倒じゃないでしょうか。でも、この言葉ははっきりと「花開き世界起こる」と言っています。一体どういうつもりでしょう。私はこう考えます。花が開くと、その前と後では全然違った世界になるのです。新たなワン・ピースが加わった世界は前の世界とは違います。お釈迦様の教えが説かれる前と後の世界は全く異なります。そこを考えれば、この言葉の真実がわかりますね。こういうことは毎日起こっているのではないでしょうか。そうすると、世界は絶えず新しい世界にバージョンアップされているのです。よくない方に変わっている場合もありますが、これは紛れもない真実だと思います。

(9) おほよそ山水をみること、種類にしたがひて不同あり、いはゆる、水をみるに瓔珞《ようらく》とみるものあり。しかあれども、瓔珞を水とみるにあらず。われらがなにとみるかたちを、かれが水とすらん。かれが瓔珞は、われ水とみる。水を妙華《みょうけ》とみるあり。しかあれど、花を水ともちいるにあらず。鬼は水をもて猛火とみる、濃血《のうけち》とみる。竜は宮殿とみる、楼台とみる

永平道元『正法眼蔵』山水経

この種の説示は道元のよく用いたもののようですが、水とは何かを問い返しています。この水の思量は、より一般化すれば、私たちの信じて疑わない事物の概念を徹底的に相対化して、その再考を促しています。その説明を整理してみましょう。第一に、われわれ人類と他の種類との間に感覚的相異性がある時を前提として説明しています。例えば、鬼は水を熱いもの、焼き尽くすもの、すなわち火と見るというわけです。第二に、人類と他類の間に対象についての指示体系が

異なる場合が考えられます。この場合は、鬼は水を流れるもの、冷たいものと感じるが、それを火と呼ぶのです。第三には、前二者の混じった状況が考えられるでしょう。これらの説明は、例示は古臭いのですが、大変論理的です。そして、ここには事物に対する柔軟な捉え方が見事に示されています。現代は多様性の時代と言われています。こういう時代だからこそ、差別偏見にとらわれないために、こういう捉え方は大切だと思います。

# 第五章　アクティブラーニングとしての禅問答

近年カタカナ文字や省略形の言葉が増えています。よくわからないのも多いけれど、世の中について行くには最低限使わないとなりません。それに、使うと時間の節約になって便利な面もあるし、最低限は必要です。アクティブラーニングという言葉もその一つです。意味は以下のようなものです。

## ◆アクティブラーニングとは

「教員による一方向的な講義形式の教育とは異なり、学修者の能動的な学修への参加を取り入れた教授・学習法の総称。学修者が能動的に学修することによって、認知的、倫理的、社会的能力、教養、知識、経験を含めた汎用的能力の育成を図る。発見学習、問題解決学習、体験学習、調査学習等が含まれるが、教室内でのグループ・ディスカッション、ディベート、グループ・ワーク等も有効なアクティブ・ラーニングの方法である」

【出典】『新たな未来を築くための大学教育の質的転換に向けて～生涯学び続け、主体的に考える力を育成する大学へ～（答申）』平成二十四年八月二十八日　中央教育審議会

さて、禅の修行は本来、どのように進められるのでしょうか。実際はなかなか理想どおりにはいかないことが多いのですが、理想に近づくように師匠はそれぞれに工夫をされているのです。筆者は教育者の端くれですので、そこに良い教育指導のモデルを見たいのです。そこで禅宗の師匠と弟子の関係に注目してみます。師匠は先生、弟子は生徒と考えてみれば、現実的ですね。

教育効果を考えるとき、現場に与えられた限られた時間の中で、先生による何らかの誘導は必要不可欠です。禅問答の場合、師匠の弟子に対する助言は、あくまでも修行者の力量に合わせた最小限のもの、しかも適切なヒントでなくてはなりません。それが弟子の自主的な意欲を呼び覚まし修行を進めることにつながります。「やる気スイッチ」を押すことになるんですね。また、修行者の方も修行の修了期限は本人の決断にゆだねられている。もちろん毎日の日課は規則正しいものですが、六年間の小学校生活とか、中学は三年間で卒業とかいった年限は決められていません。そうした環境で修行者は自分の意志と自分のペースで修行に専念するわけです。ただ、修行者のモチベーションがどうしても落ちるような場合には、師匠の叱咤激励と修行仲間の切磋琢磨が大きな役割を果たします。

また、師匠は弟子の力量を的確に測度して、よい場合は褒め、悪しきは叱り、到達度によって導き、悟れば印可証明を与える。そうした修行の進み具合の見極めは師匠の重要な役割です。印可証明というのは、いわば卒業証書、資格認定証のようなものと考えてもらうと分かりやすいでしょう。ここで大切なのは、年限が来たからトコロテン式に証書を出して送り出すのではないということ、あくまで実力本位の絶対評価ですね。そうしますと、この卒業判断をゆだねられた師匠の力量と責任は大変なものです。

## ◆公案の役割（解答を自分で探す）

さて、そうした禅修行の師弟関係の中で、禅問答は行われるわけです。それはある意味で、日頃の修行の進展具合を測る機会です。ただそれは単なる知識の習得度・理解度をチェックするようなものではなく、解答が一つというわけではない。つまり、生徒にとってみれば、自分の考えをまとめて示す創造的な作業です。レポート試験に近いかもしれませんが、最近のコピペレポートとよく似た状況は昔からあったようで、なかなか名回答ができないので、誰かの意見を再利用することも多いらしい。しかし、それだからこそ、修行者自身が独自の回答を徹底的に探究することが求められるのです。

ところが問答議論を通して他者と向き合えば向き合うほど、修行者は混乱の極みへと導かれて、ブレイン・ストーミング状態（頭の中がかき回されてゴチャゴチャになった状態）になります。実は、そういう過程を禅問答は意図的に用意しています。かの鈴木大拙は問答に使用される公案（テキスト）の役割について、それは本来、言語的論理的思考では到達できない次元を修行者に感得させる手段であって、理屈で公案に挑むことによって、修行者は逆にそれが不可能なことに徹底的に打ち砕かれるのだと言っています。追い詰められた彼らは、むしろそこで、そういう取り組み方の誤りに気付き、それを断念して別の方法を探し、実修的行へと自主的に進むことを決断するのだと言います。公案を考える意味は、この気付きを導くことなのです。

こうした問答において、師は助言と手助けを最小限にとどめ、タイミングを見極めてそれを行う。そして決して解答を与えない。そうした配慮のもとで修行者は自主的に考え続けて、唯一無二の解答を導き出す。これは師匠の巧みな誘導技術です。

それでは、そうした公案の事例をいくつかあげてみます。

## 一　達磨《だるま》廓然《かくねん》

梁《りょう》の武帝《ぶてい》、達磨大師に問う、如何なるか聖諦第一義《しょうたいだいいちぎ》

磨云く、廓然《かくねん》無聖《むしょう》

帝云く、朕《ちん》に対する者は誰《た》ぞ
磨云く、不識《ふしき》
帝契《かな》わず、達磨遂に江《こう》を渡って魏《ぎ》に至る

菩提達磨『碧巌録』第一則・『従容録』第二則など

達磨さんが中国の南海（現在の中国広州市あたり）に渡ってこられた時、そこは梁の武帝の治世でした。帝は仏教をよく学び、寺を建てたり多くの功徳を積んだと自負しておられたので、達磨さんに興味を持たれて、最大の敬意を払って迎え入れ、まず自己の行いの功徳についてお尋ねになりました。すると達磨さんは「何の功徳もないよ」と答えられました。お褒めの言葉を内心期待しておられた帝は、少しムキになって、このような一問一答となったのです。「それでは仏法の根本にある真理とは何ですか」「聖なるものなんて無いよ」「今私の前にいるあなたは聖者では無いんですか」「はてさて識らんよ」……。とにかく達磨さんは武帝につれないのです。自分が仏教に詳しいと武帝が天狗になっていたことを差し引いてもです。そこのところを、達磨さんの気持ちをじっくり考えてみましょう。どんな公案思量についても言えることですが、当世風にいうとエンパシーが重要です。それにしても、もう少し懇切丁寧に教導することはできなかったのでしょうか。見極めが早すぎるんじゃないかと残念です。

達磨午睡図

いつも強面《こわもて》　だるま祖師、

それでも眠い　午後のうたた寝

## 二　二祖安心《にそあんじん》

達磨面壁《めんぺき》す
二祖雪に立ち、臂《ひじ》を断って云く、弟子心未だ安《やす》からず、乞う師、心を安んぜよ
磨云く、心を将《も》ち来れ、汝が為に安んぜん
祖云く、心を覓《もと》むるに了《つい》に不可得《ふかとく》
磨云く、汝が為に安心し竟《おわ》んぬ

二祖慧可『無門関』第四十一則など

「私の心を安らかにしてください」というのは、肘を切り落とした二祖の懇願ですから、鬼気迫るものがあります。ところが、それに対する達磨さんの返答はちょっと軽すぎるように感じられます。言葉遊びのようで小手先であしらおうとしているような、少しイラつく返答です。ですが、二祖は偉い、真剣に達磨の言葉に応えようと深く深く自分の心に向き合って答えを自分で見つけたのですから。「心のありかを探したけれど見つかりません」というのは二祖の実直さを示しています。それに対する達磨の応答はまたも形式的な言い回しです。しかし、達磨の言葉は結

果的に「二祖の本心を導き出した」のですから、「やはり達磨さんは、一枚も二枚も上手だったのかな」と思わせます。

## 三　非風非幡《ひふうひばん》

六祖、因《ちな》みに風刹幡《かぜせっぱん》を颺《あ》ぐ
二僧有り、対論す
一は云く、幡《はた》動くと、一は云く、風動くと
往復して曾《かつ》て未《いま》だ理に契《かな》わず
祖云《いわ》く、是れ風の動くに非ず、是れ幡の動くに非ず、仁者《にんじゃ》が心動くと
二僧悚然《りょうぜん》たり

六祖慧能『無門関』第二十九則など

六祖慧能のエピソードです。ある寺院で旗がはためいているのを見て二人の僧が議論を始めます。片や旗が動いていると言い、もう一方は風が動いているからだと言うのです。どちらも間違いではないと思うのですが、双方譲りません。そこに見も知らぬお坊さんが口を挟みます。それ

がどちらかに賛成するというのではなく、「あれはあなたたちの心が動いているのだ」と。これは第三の見方です。この言葉はしかし、意固地になって言い合いをする僧たちに不意打ちを食らわせました。それは柔軟な心を思い起こさせる絶妙な発言だったのです。これを聞いた二人は「あっ」と驚いたに違いありません。こういう言葉は自身が柔らかな自在心を持っていないと出てきません。それが一介の無名の僧の口から発せられた時の意外性は大きかったと思います。すごいインパクトだったと思います。

現代社会は発想の時代です。六祖の柔軟心に感心するだけでなく、我々もこういう心境に近づいてオンリーワンのアイデアで勝負したいものです。

## 四　南泉斬猫《なんせんざんみょう》

南泉和尚、因に東西の両堂、猫児を争う
泉乃ち提起して云く、大衆、道《い》い得ば即ち救わん、道《い》い得ずんば即ち斬却せん
衆対《こた》うるなし
泉遂に之を斬る
晩に趙州、外より帰る

泉、州に挙似《こじ》す
州乃ち履《くつ》を脱して頭上に安じて出づ
泉云く、子若し在らば即ち猫児を救い得たらん

南泉普願『碧巌録』第六十三則・『従容録』第九則・『無門関』第十四則など

よく知られた公案ですが、随分乱暴で残酷なお話ですから、批判も多く出てきそうです。お寺に迷い込んできた子猫について、修行僧たちが論争を始めます。「猫にも仏性(仏の種)があるかどうか」というのです。勉強熱心ではありますが、騒がしいことになりました。そこへ住持の南泉和尚が登場します。「何か私を唸らせるような説得力のある言葉を言ってみろ。もしなければこ

の猫を切り捨てるぞ！」とすごい迫力で言ったのです。弟子たちはビビって一言も発することができませんでした、無理もありません。そこで和尚はたちまち子猫を切り捨ててしまいました。オソロシイ情景が目に浮かびます。場を収めるためだったとしても、そこまでする必要があったのでしょうか。南泉も実は大いに心を痛めていました。それは、その夜一番弟子の趙州が帰ってきた時の「お前がいたら猫は救えたのになあ」という落胆の言葉に表れています。南泉和尚は自分の発した一言に後へ退けなくなったのかもしれません。しかし、それよりも弟子たちの悟りへのきっかけを与えようと考えたのでしょう。私は和尚の行為に、どんな場所でも機会を見つけたら、弟子の教導に向かう指導者魂のようなものを感じます。それでも別の手段があるのではと愛猫家の私としては納得できません。失敗例でしょうか。アドリブも相手のある場合は難しいですね。それにしても、趙州が靴を頭上において室を出て行くというのはどう解釈すべきでしょうか。意味があるのか無いのか、あるというなら師匠に「あなたやっちゃったね」とでも言おうというのでしょうか。

## 五　倶胝《ぐてい》一指《いっし》

倶胝和尚、凡《おおよ》そ詰問あれば、唯だ一指を挙ぐ

後に童子あり、因みに外人《げにん》問う、和尚何の法要をか説く
童子また指頭を竪《た》つ
胝聞いて遂に刃を以て其の指を断つ
童子負痛号哭して去る
胝また之を召す。童子首を廻らす
胝却って指を竪起す
童子忽然《こつねん》として領悟す
胝、将に順世せんとす
衆に謂《い》って曰く、吾《わ》れ天龍一指頭の禅を得て、一生受用不尽と。言い訖《おわ》って滅を示す
倶胝和尚『従容録』第八十四則など

登場する倶胝和尚さんは、誰かに仏道を問われると、決まって指を一本立てて見せたということです。和尚が外出中のある日のこと、寺に訪問者があり、留守番をしていた童子に「寺の和尚の日頃の教法はどのようなものか」と尋ねました。和尚の日常を見聞きしていた童子は指一本を立てる仕草を真似して「和尚はこうやっている」と、少し自慢げに言ったのではないかと思います。寺に帰った和尚は、そのことを聞いて（得意げに童子が話したのか、見ていた誰かが告げ口した

のかはわかりません）童を呼びつけ、即座にその可愛い指を切り落としてしまいました。童は痛がり泣き喚いて逃げ出します。その後ろ姿を和尚の声が「おい」と追いかけます。反射的に振り返った童の目に指一本立てた和尚の姿が映りました。その時、童子は忽然と悟ったというのです。

ところで、和尚は亡くなろうとする時に「わしの一指頭の禅は、師の天龍和尚から受け継いだものじゃ。一生かけても使いきれなんだわ」そう言って息を引き取ったと言います。倶胝和尚さんの禅法もコピーだったとすると、童子の猿真似とどこが違うのでしょうか。きっと一指に込められた気概・人徳が違うのでしょうね。童子には痛すぎる代償でしたが、「もっと中身を鍛

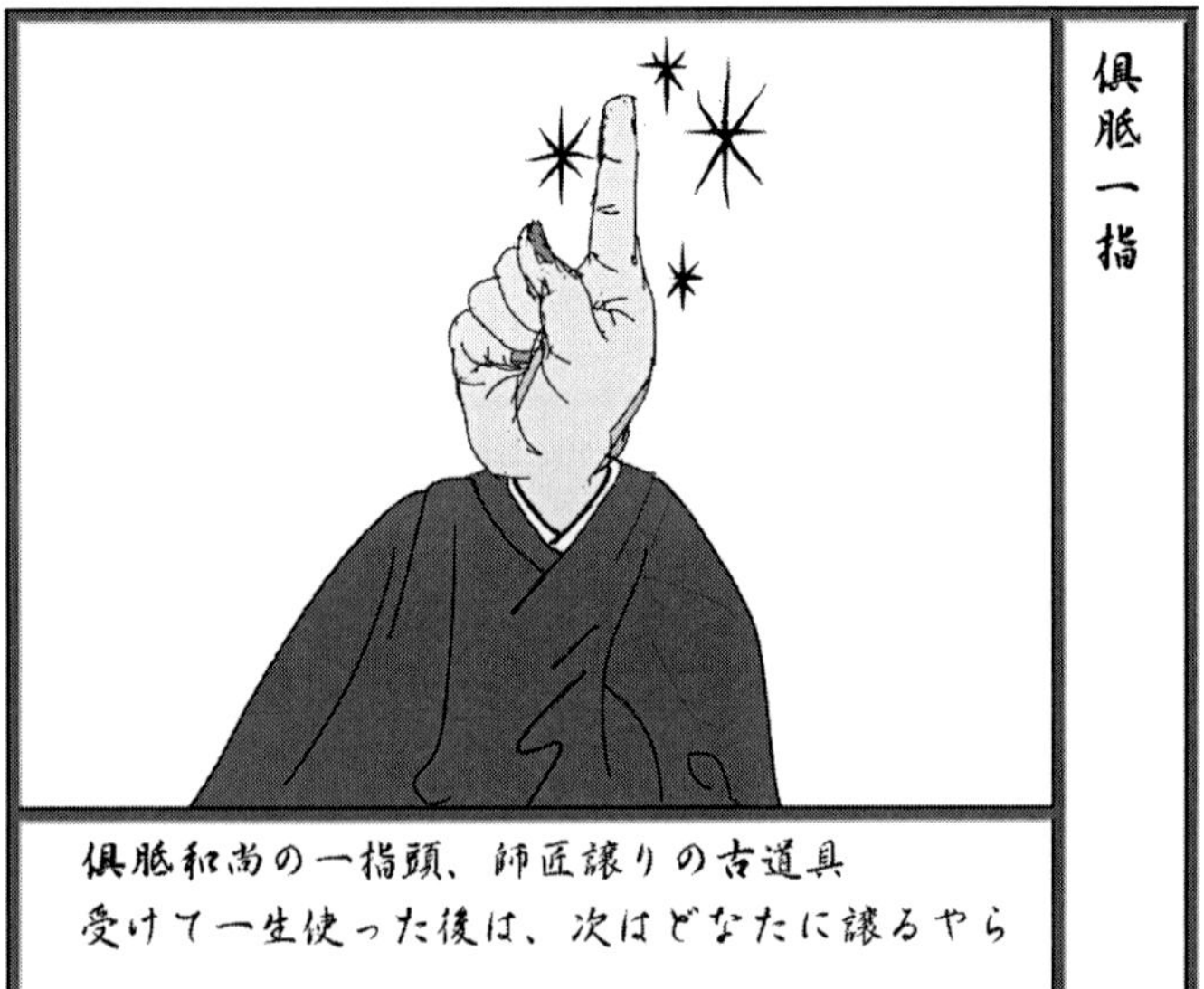
倶胝一指
倶胝和尚の一指頭、師匠譲りの古道具
受けて一生使った後は、次はどなたに譲るやら

えよ、安易な真似事はいかん」ということを教えたのでしょう。原典では童子が忽然と悟ったとありますが、ここでの童子の悟りとはそういうことだったと私は思います。

また、同じ指を見ても見る者の受け取り方は同じではありませんから、その姿を見た後の相手に対するアフターケアが和尚さんには絶対あったろうと思うのです。ニッコリ笑っての一指か、厳しい視線を送りながらの一指かなど、相手によって臨機応変の説法だったと思うのです。

## 六　薬山陞座《やくさんしんぞ》

薬山久しく陞座せず

院主白《もう》して云く、大衆久しく示誨《じけ》を思う。請う和尚、衆の為に、説法したまえ

山、鐘を打たせしむ、衆方《まさ》に集まる

山陞座、良久《やや》うして、便ち下座して方丈に帰る

主、後に随って問う、和尚適来《せきらい》、衆の為に説法せんことを許す。云何《なん》ぞ一言を垂れざる

山云く、経に経師あり、論に論師あり、争《いか》でか老僧を怪しみ得ん

薬山惟儼『従容録』第七則など

薬山惟儼という偉い禅師の話です。面倒臭がりだったわけでもないでしょうが、禅師がしばらく修行僧たちに説法をされない時期がありました。それで寺務を統括する役僧が、禅師に説法を懇願しました。禅師は、「良しよし」と鐘を打たせて大衆を集め、説法の座に登りましたが、しばらくすると無言で席を降りて自室に帰ってしまわれました。きっと大衆はチンプンカンプンで騒《ざわ》ついたと思います。むかし釈尊が霊鷲山で行った無言の説法は有名ですね。弟子の大迦葉だけが真意を察して微笑んだという逸話です。薬山の場合は大迦葉のような人物は現れなかったようで、先の院主が追いかけてきて、「和尚は説法するといったのになぜ一言も喋らず部屋におかえりになったのですか」とたしなめるように詰問したのです。禅師は悪びれた様子もなく「経典の講義には経師がおり、論書には論師がいる。どうしてわしの説法を不思議がるのじゃ？」と言ったそうです。考えてみれば、薬山は禅師です。禅師は禅定を教えるのが本領ですから、坐禅を教えて帰ったというわけです。それにしても師はどのくらいの時間座上に座っていたのでしょうか、短すぎるようにも思えるのですが……。

## 七　青原米価《せいげんべいか》

僧、青原に問う、如何なるか仏法の大意。原云く、盧陵《ろりょう》の米作麼《そも》の価ぞ

青原行思『従容録』第五則など

ある時一人の僧が青原禅師に尋ねました。「仏法の大意とはどのようなものでしょうか？」大意とは大まかな意味・趣旨ということです。むかし私の学問の師が禅寺で講話を頼まれたそうです。大変実直な先生でしたので、十分な準備をしてお話をされたようです。話が終わって質問時間になった時、若い修行僧が「結局、先生のおっしゃりたいポイントを一口で言うとどんなことでしょうか？」と尋ねたそうです。先生の語り口は少し理屈っぽかったと思われますが、著名な先生に失礼な質問です。さすがにムッとされたのでしょうか、「一言で語れることなら、こうして時間を割いて話はしません」とおっしゃったようで、後日この時のことを話してくださいました。質問した若い僧侶は、きっと禅問答のようなシンプルなやりとりを期待したのでしょう。

さて、この公案の青原の応答は想定問答集の典型的パターンの一つです。お手本です。こうした系統の問答には洞山守初禅師の「麻三斤」の公案などがあります。つまり、相手の僧が意気込

んで尋ねますと、師僧の方はありきたりの日常茶飯事で切り返すのです。仏法の大意を聞かれて、青原禅師は「最近の盧陵のコメの値段は如何程じゃ？」と逆に問うたのです。多分相手は、禅師が質問を聞き取れなかったのか、ボケちゃったのかとワケがわからずとまどったことでしょう。しかし、この回答は実に的を射た立派なものです。仏教では世法と仏法という言葉を使い分けることがありますが、本質では世法と仏法は別物ではありません。『法華経』を題材にした道元の歌にも「此經の　心を得れは　世中の　うりかふ聲も　法をとくかは」（傘松道詠）とあります。世俗の売り買いの声も仏法なのです。青原はそこを示し、洞山の「麻三斤」も同様であります。言葉は穏やかなのですが、ともすれば、世法は低く仏法を高く見る先入観に囚われがちな僧たちを戒める意味もあろうかと思います。

# 第六章　禅と世界の絵本——言葉のコラボレーション

私は絵本が大好きです。いろんな絵本を読みます。手にとって読んだことのある幾つかの絵本の一コマに書かれていた言葉に、禅の教えを重ねてみました。だって禅はもはや世界の「ZEN」なんです。ある外国の恩人が、ある時こんなことを言っていました。「禅（ZEN）は今や「魔法の言葉」なんだ、レストランの名前や香水やシューズの商品名にだって、コレを付ければ売れるんだから」と。あまりチープに使われると抵抗感があるけれど、ちょっと冒険、発想の転換というのをやってみるのもいいんじゃないかと思いました。大好きな絵本の中に、禅の精神を無理やり？押し込んで読んでみたら、これこそ現代的自由な発想にならないかなあ。そんな軽い気持ちで、私の禅の心と私の絵本愛好の心を結んでしまったわけです。ただ、絵本には素晴らしいピクチャーが付いています。残念ですが、それを禅で解釈するのは勘弁してください。

## 一 『エリック』我が家にやってきた交換留学生――ショーン・タン

僕はショーン・タンの絵が好きです。文化的多様性というのも感じるのですが、ここでは『エリック』の中にあった言葉を取り上げましょう。

さいわいエリックはとても好奇心旺盛で、ぼくをあれこれ質問ぜめにした。ただその質問は、ぼくが期待していたようなのとは、ちょっとちがっていた。たいていの場合、ぼくはただ「さあ、わかんないよ」とか「どうしてって、どうしてもだよ。」としか答えられなかった。なんだかひどく役立たずになった気分だった

異星人？の「エリック」が「ぼく」を質問攻めにしています。禅問答でも相手は容赦なく質問をしてきます、しかも執拗にです。現在行われる禅問答は儀式的要素が強いようで問答用の想定問答集もあり（とらの巻ですね）、いささか真剣味に欠けるところがあります。でも、往年の問答は大変辛辣なものであったようです。中には意地悪な質問もあったでしょう。ここでのエリックの問いかけには悪意は一切ありません。純粋に疑問に思ったことを次々に聞いているのでしょう。

しかし、「ぼく」は参ってしまい、全く答えられない状態に追い込まれます。これは禅問答もそうなのです。我々が日常的に知っていると思い込んでいることも、突き詰めてみるとわかっていないことはたくさんあります。むしろ十分明確に知っていることの方が少ないのです。禅問答も「君は本当は何もわかっていないんだよ」ということを修行者に徹底的に自覚させ、追い込んで、「その事に気づくことが本当の出発点なんだ」とわからせるんです。つまり禅問答はわからないことへの気づきが大事な眼目なのです。さて、エリックの質問に参ってしまった「ぼく」の応答にそういう自覚は現れているでしょうか。はっきりとは表れていませんけれど、何だか自分が役立たずに思えて落ち込んだ気分になったと書かれています。それは自分の無力さ、小ささへの気づきでしょう。この経験はきっと後になって役立つのではないかと思います。

## 二　『うろんな客』我が家に突然やってきた正体不明の客――エドワード・ゴーリー

次はエドワード・ゴーリーの『うろんな客』です。「うろん」ってあまり聞かない言葉ですね。「胡乱」と書いて、「確かでなく、怪しいこと。うさんくさいこと」を表すようです。英語では“The Doubtful Guest”です。

気に入りし物をひそかに運び去り池に投げ入れ保護に尽力——というような奴がやって来たのが十七年前のことで、今日に至ってもいっこうにいなくなる気配はないのです

ある陰気そうな家族のもとに、ある日突然の来客です。ハゲタカのようなカギ鼻頭にペンギンの胴体をくっつけたような不思議な風体の動物がスニーカー履いてやってきました。やる事もハチャメチャで常軌を逸しています。家の中でも神出鬼没で家族のみんなを驚かせます。誰もがその客の行動が理解できません。この本を最初に読んだ時、私は家に取り付く「貧乏神」というのはこんな奴かなと直感しました。ひとしきり驚かされたりかき回されたりした末に、みんなはそいつを無視することにするのでした。怒ったり考え込んだりするよりも、無視する方がずっと楽だったからでしょう。そうこうするうちに奴が居着いて十七年が過ぎたというのです。この絵本を見ていると摩訶不思議な常軌を逸した世界観が伝わってきますが、他方で、そこにはいろんな比喩が隠されていて、実は現実の世界をシニカルに捉えているだけのようにも思えるのです。さて、禅の古典に『宝鏡三昧』という書があります。その一節に「木人《ぼくじん》まさに歌い、石女《せきじょ》たって舞《も》う。情識《じょうしき》の至るにあらず。むしろ思慮を容《い》れんや。臣は君《きみ》に奉《ぶ》し、子は父に順ず。順ぜざれば孝にあらず。奉せざれば輔《ほ》にあらず」というものがあります。如是の法（真理の姿）について語るのですが、それは木の人形が歌い、石像の女が立って舞い踊るような世界だから思慮分別など通

用しない世界であると言われます。しかしもう一方で、それは君臣・父子の間の忠孝の道が成り立つ秩序ある世界でもあると言われているのです。ゴーリーの描いた狂気的世界は実は現実世界なのではないか、仏の純粋平等な視点から見るとそういう風に見えるのではないでしょうか。この「うろんな客」の住まう世界は公案そのものなのかもしれません。

## 三　『モモ　MY DEAR DOG』かなしいときもうれしいときもそばにいる小さなともだち――おーなり　由子

この本は愛犬のモモと女の子のお話です。モモの一生と女の子の一生が偶然か必然か、重なり合って淡々と語られていきます。もちろん語るのは女の子で、モモは何も語りませんけれど、女の子は思い出される限り、モモの一つ一つの仕草を丁寧に愛おしみながら語ってゆきます。

わたしが　かなしくても　うれしくても　モモは　おなじ　しっぽをふって　なめる
うれしそうに　はしゃいで　ガブリと　わたしの腕に　歯を　たてた
わたしは　情けなくなって　モモを　ひっぱたいた　よけい涙がでた　うれしくても　かなしくても　モモは　おなじ

モモは　わたしに　背をむけて　ゆうやけに　しっぽを　ふる
少しはなれたところで　話でも　するように　音楽でも　きくように　しっぽを　ふってい
る
「モモ、何が見えるの?何かきこえるの?」と　言うと　そばに来て　やさしく　手の甲を
なめた　モモのおでこをさわると安心する
「帰ろうか、モモ」……

モモは飼い主の気持ちを知ってかしらずか、いつも同じように尻尾を振って、舐めるのです。ちっとも通じ合っていないようですが、気持ちを見透かされて同情されるより、いつものように振る舞うモモの姿に主人はとても癒されることがあったのじゃないかと思います。いつも変わらない反応というのは、対面する相手にとっては自分を映しだす鏡のようなものです。昔「枯山水」の鑑賞方法を尋ねられたことがありました。「定まった見方などありません。ただ、庭は観る者の心を映しだす鏡なんではないでしょうか」とわかったような口利きをしたことがありますが、今もそうなんじゃないかと思います。

ところで、モモと女の子は通じ合っていないと言いましたが、本当は深くつながっていたように思うのです。通じ合わないというのは同じ言葉で語り合えないというだけのこと、きっと違っ

た形で二つのココロと心がつながっていたのです。禅の言葉に「狸奴白牯却って有ることを知る」というのがありましたね。動物たちにわかっていることで人間にわからないことがたくさんあるということは考えれば当然です。犬の目に映る世界と人の目に映る世界は全く違うと言います。聴覚だって猫の耳に聞こえる音域と人のそれは違います。みんな共有できる世界領域はすごく少ないのかもしれませんが、感覚に騙されないもっと深いところで人と動物、そして世界はつながっているると思うのです。禅・仏教の世界観は縁起的連鎖の世界観です。自分とすべてのもの、全世界がつながっていると実感した経験はありませんか。もしなければ、瞑想坐禅をお薦めします。以心伝心は人と人、仏と仏の話のように思っているかもしれませんが、人と動物の間にだってあると思います。もう一つ言いたいことがあります。話をするときは「ちゃんと相手の目を見て話しなさい」などと言われたことがありませんか。これは人間同士の行儀作法のようなところがあって、それをしないと失礼だと言った常識が多分に働いているのじゃないでしょうか。何が言いたいかというと、面と向かっていなくとも実はつながっているんだということです。「わたしに背を向けてしっぽをふる」モモとわたしはつながっています。同じベンチに見知らぬ二人がたまさか座っていたとして、そこにはある対話が成立していると言った人もいます。モモとわたしの共有世界は他の誰にも理解できないものかもしれませんが、何て暖かで素敵な世界でしょう。

## 四　『ハチドリのひとしずく　いま、私にできること』
### 南アメリカの先住民の話、クリキンディという名のハチドリ

これはネイティブアメリカンの昔話を絵本にしたものです。山火事があって森の動物たちはみんな逃げ回っているのに、ハチドリだけはその小さなくちばしに水を含んで火に立ち向かうんです。周りの動物たちは「ちっちゃなお前一人がそんなことしたって何の役に立つんだい」とバカにするわけです。その時にハチドリが言った一言がこれです。

「私は、私にできることをしているだけ」

この一言はハチドリの体のように、本当にちっぽけです。しかし、その言葉は力に満ち溢れています。「水滴石穿（みずしたたりていしをうがつ）」という諺がありますが、小さなひとしずくの積み重ねが、やがて硬い石を穿ち穴を開けるという意味です。小さな努力の積み重ねが大事を成し遂げるのです。ハチドリの行為はまさに「大海の一滴」かもしれませんが、きっと、その小さな行いと、何よりもこの小さな一言が、たくさんの心を動かしたに違いありません。この一言が

やがて海をなすのです。ハチドリは自分の小ささをよく知っていたと思います。己を知って日々の行持を黙々と行う姿勢は、まるで一人の修行者のようです。いついかなる時代にも災害は私たちの生活を襲います。直接被災地に生きる者も、またそうでない者も、それぞれの置かれた立ち位置でできることを背伸びせずに実行するしかないということを、私たちは学びました。このハチドリの健気さは多くの人の共感を生むのではないでしょうか。

## 五　『世界でいちばん貧しい大統領のスピーチ』ウルグアイ元大統領ホセ・ムヒカの演説

この絵本は、ニューヨークの国際連合本部で実際に行われた演説に基づいています。この演説の中でムヒカさんは現代社会を支配する経済至上主義・功利主義を痛切に批判しています。それは誰もが心のどこかに抱いている違和感です。それは全ての人間の尊厳を重視しようという強い叫びがあるにもかかわらず、その叫びが伝わらなくて、多くの人々の生命の尊厳が踏みにじられている不平等な世界の現実に対する違和感であり焦燥感です。世界の国々の代表者が集まる国連で相変わらず国益優先の小賢しい議論が繰り返される中で、この演説は異色でした。

「しかし世界をおそっているのは、じつは欲深さの妖怪なのです。」
「わたしが話していることは、とてもシンプルなことです。社会が発展することが、幸福をそこなうものであってはなりません。発展とは、人間の幸せの味方でなくてはならないのです。人と人とが幸せな関係を結ぶこと、子どもを育てること、友人を持つこと、地球上に愛があること――
こうしたものは、人間が生きるためにぎりぎり必要な土台です。発展は、これらをつくることの味方でなくてはならない。」

ムヒカさんは社会の発展と人間の幸福が車の両輪でなくてはならないと言っているようです。どんなに一部の社会が発展して豊かになっても、それが大多数の貧しい人々の犠牲の上に成り立つのでは正しい社会とは言えません。少数の幸福が大多数の人々の不幸によって守られるという不平等な世界は正しい世界とは言えないでしょう。一方で人間の幸福とは単に物質的な豊かさだけで作られるものではありません。私たちは、ほんのささやかな当たり前の生活の中に無上の幸福を感じ取ることもできるのです。ムヒカさんは経済発展がこの当たり前の生活を、全ての人々に平等に保障する土台にならねばいけないというのです。

仏教は「少欲知足」を説きます。そして「(仏法のもとの)平等」を説きます。そういう生き方の意味を現代こそ再考してみなければならないと思います。現代人が真剣にそういう生き方を実行したら、世界はもっと住みやすいものになるかもしれません。ムヒカさんは貧しい人々の声を代弁しているところがあります。仏教も貧しい人々の救済を説いてきました。「欲深さの妖怪」に負けないように、私たちは力を合わせる必要があります。

## 六 『いいこってどんなこ？』うさぎのバニー坊やのおかあさんの言葉 ――ジーン・モデシット

これはうさぎのお母さんと坊やのお話です。家庭内暴力など、親子関係が大きな社会問題になっている現代社会を生きている全てのお父さんお母さんに読んで欲しいお話です。

「とんでもない。ぷんぷん　おこっているときも　にこにこ　わらっているときも　おかあさんは　バニーがだいすきよ。」

「ねえ、おかあさん、いいこってどんなこ？」とバニー坊やがたずねます。これが最初の質問。小さな子は時々質問魔になって周りの大人を悩ませます。おかあさんは一つ一つの質問に優しく丁寧に答えて行きます。「ぷんぷん　おこっている　ぼくなんか、おかあさん　きらいでしょ?」とバニーが聞きました。その返事がこの言葉です。どんな時も変わらず好きだというのがおかあさんの返事。そして、最後におかあさんは「バニーはバニーらしくしていてくれるのが一番、今のバニーが大好きなの」と言います。母の愛は無償のものです。何の見返りを求めることもなく、全てを受け入れて見守ってくれます。これは仏様の慈悲心そのものです。善人も悪人も分け隔てなく受け入れる慈しみの心です。きっと神様の愛も同じです。否、おかあさんの優しさは、観音様やマリア様の御心と近いのかもしれませんね。こういう母心を全てのお母さんが忘れないでいてほしいと願っています。

# 第七章　禅と現代の哲人——エリック・ホッファーのアフォリズム

エリック・ホッファーというアメリカの哲学者がいます。沖仲仕の哲学者などと言われることもあります。沖仲仕というのは港湾肉体労働者です。大学で哲学を学んだことがない風変わりな経歴を持つ哲学者です。アカデミズムの系譜から外れた労働者が哲学者と呼ばれ、大学で講演し幾つかの本を出版したというのは近年稀なる事例です。しかし、これがユー・エス・エイのことだというとありうるのかもと思えてしまうのは、さすがに自由の国アメリカです。ヒッピージェネレーションが声をあげた頃、日雇い仕事の傍ら自由に図書館通いをして、好きな本を読みあさったというホッファーにして、独自のユニークな思想が創造されたと思います。また、そういう人間の生き方を認めて評価し受け入れた合衆国スピリットはいいなあと、少し憧れます。

その上でこんな妄想をしてみたのです。このホッファーの多彩な発言と禅語を対比してみたいというわけです。現実的に考えて両者には何の接点もないかもしれません。たとえば、禅と実存哲学は人間の生きる意味を徹底的に追究するという意味で、スタート地点を共有しているように思えます。二つの大戦を経過した西欧社会の生み出した実存哲学は「極限状況」の中でのっぴきならない人間の存在意義への問いかけから発展しました。禅は人間の本質と、人間と世界の本来的関係性についての問いへの応答を求めて生まれました。ホッファーの思索の根底にもそうした人間存在への問いかけが潜んでいるのは確かです。しかし、彼の問いかけにどれほどの切実さがあったのかわかりませんし、彼の読書歴の中にどれほどの禅の書籍があったのかも私は知りません。しかし、ホッファーを読んでみて、禅の言葉を読んでいるような感覚に襲われることがあったのは事実です。それと、ホッファーのあまり体系的とは思えない読書遍歴を、「偏参（賢哲を訪ねて研鑽を積むこと）」する禅修行者の姿と重ね合わせてしまったのです。彼らは独自に探求し独自に考えます。そうやって我が道を進むのです。それでも道標を求めてさまざまな師のもとを訪ねるのです。その求道者の姿がいつの間にかホッファーと重なってしまったのかもしれません。

幾つかの彼の言葉を紹介しながら、禅的なものを指摘してみます。

① 私は本の世界と世界という本との両方から刺激を得る。教育があって自分の考えを表現できる人々、議論の上手な人たちと過ごしていたとしても、どれだけ私の考えを発展させるのに役立っていたかわからない

これはホッファーの「本」に対する思いがよく示されています。彼はオーソドックスな教育を受けていません。むしろそれを嫌ったのではないかと思います。一人で読書に沈潜して一人で学んだのではないでしょうか。それゆえ正統とか異端とか、定説とかそうでないとかいったことに囚われないで自由な思索を行うことができたのではないかと思います。こういう人は仏教では「独覚」などと呼ばれ、邪道だと言われるかもしれません。だが、禅ではこういう冒険も必要だと考えられています。「無師独悟」というのは正師なしで悟るという意味ですが、結局、「百尺竿頭に一歩を進める（高い竿の先まで登ってさらに一歩を空中に踏み出す）」ときは自分でやる他ないのではないでしょうか。それゆえ「殺仏殺祖（本当に仏祖を殺すのでなく乗り越えること）」という言葉もあるのでしょう。初めから正統を欠いたホッファーと正師に学びながら偏参の旅に出る修行者と、両者の行き着く先はここではないかと思います。

また、私は「本の世界と世界という本」という言葉に魅かれました。ふつう本は日本語とか英語とか、人の言葉で書かれています。中には絵本や漫画のように絵が主要な媒体になっているものもあります。しかしそれでも伝えられる情報量には限りがあるでしょう。しかし、この世界が伝える情報は人間につかまえきれないほど膨大です。無限です。そういう世界を本と考えると、私たちには無限の知識や無限の恩恵が与えられる可能性があります。それをテクストにして学べば、私たちは無限に進化できるかもしれません。実際には、世界から情報を獲得するというのは、もちろん科学は着々と成果を上げてはいますが、それほど単純なことではないのですけれどね。なぜこの言葉に注目したかというと、禅・仏教では自然の事物や世界から、多くのヒントを得て悟りに到達した先達の話などがたくさんあるからです。道元禅師には「現成公案」という考えがありますが、公案というのは通常は先人の言行がテーマになっていて、それが修行のテクスト乃至テスト課題になるわけですが、禅師はこのテクストは現前している世界そのものである、世界のすべての物事がテクストなのだという趣旨のことを言っているんです。ホッファーの経験値から出た言葉は、奇しくも禅師の説示と合致しているんです。

② 常に答えを知っている人間がそばにいたら、自分自身で深く考えることをやめてしまうだろう。と私は瞬時に悟った。そうなると、私はもはや本来の思索者でない。それは不愉快な発見だった。私はそうなることを拒んだ。その小冊子を放り投げてしまったのだ

このホッファーの気づきも、「無師独悟」「超仏越祖」の考えと通じ合っています。それともう一つ、「小冊子を放り投げてしまった」という下りを見たときには、私は禅の「放下」という言葉を思い起こしました。禅の教えではすべての「煩悩」、「欲」、「我見」などを「捨てること」、「離れること」、「捨離」、「放捨」することが求められるのです。「もったいない」精神はある意味で

邪魔になるわけです。「断捨離」の方です。特に書物で学んだ知識などは修行の妨げになることが多いと考えられます。「脱落」という言葉は、今では何かあるべきものがあるべきところにないような場合や何かを諦めて途中下車したような場合のことを示す面がありますが、本来の仏教的意味は、両肩に背負ってしまっている余分な荷物を降ろしてしまって楽になること、本来の自分に戻って、憑《つ》き物が落ちたように解放された状態を言うのです。「解脱」「悟」の意味です。そうなるために修行者は修行するのです。「書を捨てる」というのもそのゆえです。一九六〇年代に寺山修司という歌人・劇作家が『書を捨てよ、町へ出よう』という評論集を出しましたが、文字言葉より実体験の世界の方が多くを教えてくれるということは、昔から言われているのです。ホッファーの場合は、思索者として本の呪縛から離れるということですが、非常に類似した思考傾向を感じてしまうのです。

③　一人でいるときが最も創造的なときだと信じて生きてきたけれど、実際には独創に富んだ考えの数々が誕生したのは群衆の中に身を置いていたときである

私がこの文章を読んですぐに思ったことは、「群衆の中の孤独」ということです。適度な喧騒、人いきれの中に身を置いていた時の方が、落ち着いて自分を感じていられるという経験を知って

いるからです。人間という同類の中にいるという安心感は本能的な群衆心理なのかもしれません。そうした安心感の中でこそ独創的な思索が可能になるのかもしれないと考えたからです。修行者の環境というものに移し替えてみると、一人の修行というのは大変辛いのではないかと思います。誰もいない山にこもって一人行う修行は、身体的にも精神的にも厳しいでしょう。それよりも同じ志を持った人の集まる道場で、たとえ見も知らぬ他者がほとんどだったとしても、そういう人たちと共に修行した方がずいぶん良いのではないかと思います。ただ、人間関係が複雑な事態になると、この環境はむしろ苦痛になると思います、人の世はとかく角が立って難しいですね。しかし、さらに考えを進めると、集団生活というのはとても良い効果を生むことがあります。同じ目標に向かって切磋琢磨する仲間効果ですね。修行者は「同参（一緒に仏道に参じる）」の仲間です。それぞれが絶妙の距離感で助け合いながら我が道を行くというのがいいのです。自力修行の中の他力です。ホッファーの言葉と離れてしまいましたが、思索においても、修行においても、いろいろな意味で他者の役割は重要です。

＊前掲①②③の出典　小川仁志『エリック・ホッファー自分を愛する100の言葉「働く哲学者」の人生論』ＰＨＰエディターズ・グループより

④　私たちの個人的な利益や将来性が、人生の目的として価値がないように思われるとき、私た

ちは必死になって自分以外のものに人生の目的を求める。献身、愛着、忠誠、そして自己放棄は、どんな形をとっていても、本質において、私たちのやくざな、損なわれた人生に、価値と意味とを与えるかもしれぬものへの、絶望的な執着なのである。……もしそのために生命を捨てる覚悟ができていないのならば、それが生きがいだなどという確信をもてるはずがない

『大衆運動』高根正昭（訳）紀伊國屋書店

私たちは自分の人生の目的、生きる意味に想いを馳せることがある。死を身近に考えることのない時期には、それほどでもないかもしれないが、人生の節目節目や死を意識するような状況になった時には真剣にそれを考える。そういう経験のある人間にはこの文章の意味は理解できると思います。そして、人生の意味を見失った時、あるいはそれまで疑わなかった人生の意味を信じがたくなってしまった時、ホッファーの言うように、自己以外の何かに目的を転嫁しようとしたりすることもありだと結論づけます。献身や愛着、忠誠、自己放棄は意味合いが違い、また、人それぞれに、その具体的な仕方や対象は異なります。それでも、他の物事のために自己を捧げるということは、何と心を軽くしてくれることでしょうか。仏教では、愛着という言葉はあまり良い意味で受け取られませんが、献身・忠誠・自己放棄は良い行為として十分に受け入れられます。利他の精神はこれらに強い関連性を持ちます。しかし、ホッファーによれば、そうした行為も「絶

望的な執着」なのです。他方、執着である限り、それは仏教においては離脱されなければなりません。それではこの究極の執着を抜け出して利他に生きる道とはどのようなものなのか。それは「その行いに死ぬ気で取り組むということである」とホッファーは言っているのです。禅には「大死一番」という言葉があります。利他のために徹し切った時、利他行は完成します。そのためには、死ぬ気ではなく、一度死んで生きるのです。その時、「自利利他円満」の境地が開けるのです。

⑤　一九六〇年代には、変化がきわめて急速に進行した結果、現在という時がほとんど存在しなくなった。現在という時が消滅した結果、奇妙な事態が生じている。現在という時がほとんど存在しなくなると、過去と未来もあいまいになってくる。未来がきわめて身近なものとなる結果、人間は未来を待とうとしなくなる。希望が欲求に変わる。同時に、急速な変化によって記憶が弱まる――昨日のことが思い出せなくなる

『エリック・ホッファーの人間とは何か』田中淳（訳）河出書房新社

ちょっとレトロな「自転車操業」という言葉が思い浮かびました。毎日が忙しすぎると、今しか考えられなくなります。というよりも、今という意識さえ持てなくなります。今が意識できるのは距離を置いて昔を振り返った時ですが、その時の今は過去の今で今の今ではありません。今

という意識が薄まると、過去も未来も曖昧になる、考えられなくなるといった方がいいかもしれません。禅では現在只今を重視します。それを「而今《にこん》」と言って、すべての土台、出発点にします。われわれは而今を経歴《きょうりゃく》します。つまり、今を生きているのです。「それがどうした」という人には「別に！」と答えるばかりですが、過去も現在も未来もなくなったら、私のアイデンティティはどこへ行ってしまったのでしょう、それでも「それがどうしたの」と言われたら「……」です。寂しいというか、空しいというしかありません。私は自分の今を取り戻したいと思います。ジックリと坐って、坐禅して、今こそ自分探しをするべきです。そうすると自分と世界が今の中でつながっている、自分の時間が世界の時間とつながっていることが実得できるような気がするのです。

# おわりに

物語論というのがある。昨今ナラティブという言葉が注目されている。それぞれの人間、ひょっとすると、その他の動物や植物、そして世界に、こちらの感情移入、勝手な擬人的思い入れではなく、別個のストーリーがあるということを意識して、それを重視しようという思考傾向である。

ところがそれらの個別ストーリーはさまざまに錯綜してからまり合い、接合点を無数に持っている。一人のストーリーはみんなのストーリーにつながっているのだ。私たちは言葉を交わしストーリーを交換しながら生きている。この言葉が問題なのだ。もっと広く言えば、コミュニケーションの媒体が問題なのである。人々の間で特定の言葉が共有されたとしても、その意味するところは千差万別である。我々は多くの辞書や字典を持っている。それらにはたしかに言葉の意味のスタンダードが記されている。だが、日常生活の中で我々が発したり受け取ったり、つまり使用する言葉の意味は多様である。多様さの内容もさまざまだが、まず、発言者の意図と聞き手の受け取り方が厳密に一致しているかを考えてみると、そこはかなり曖昧なのである。この曖昧さを認めるか否か、これも人それぞれだが、私はそれを楽しんで欲しいと考える。この曖昧さの中にこそ言葉の新しい可能性があると思うのである。言葉の世界はいつも未完成である。だからこそ、それは閉鎖された世界ではないのである。仏教の世界観は完全無欠の世界を認めず、ユラギを持った未完な世界を容認している。むしろ、そういう未完・未熟なものを含んだ世界でなければ本物の世界ではないと言っているようである。言語の世界が実世界の写し絵であるとするなら、言語世界はいつも縁起的で未完で、それゆえに自由な世界なのではないか、そういう言語世界の中で、新たな出会いを愉しむ気持ちが必要ではないかと思う。日頃あまり耳にしない仏祖や仏教者の言葉に触れることで、それぞれの人生の物語に新鮮な外気が吹き込まれることを願って筆をとったのである。

また、本書の挿画は自作にチャレンジしてみました。うまくいったかはわかりませんが、楽しんでいただければと願っています。

最後に、本書の刊行にあたり編集をご担当くださり筆者に勇気を与えてくださった、北樹出版編集部の古屋幾子さんに篤く御礼申し上げます。また格別のご尽力をいただいた北樹出版の皆様に重ねて拝謝申し上げます。さらに、変わらず黙って見守ってくれた（これが一番ありがたいのです）家族に感謝いたします。

## 出典・人物／解説

**景徳伝燈録**（けいとくでんとうろく）

中国北宋代に永安道原によって編纂された禅宗を代表する燈史。全三十巻。過去七仏から天台徳韶門下に至る禅僧やその他の僧侶の伝記を収録。俗に「千七百人の公案」と呼ばれる。一〇〇四年（景徳元年）に道原が上呈し、楊億等の校正を経て一〇一一年に『続蔵』に入蔵を許され流布するようになった。これ以降、中国禅宗史上に燈史の刊行が盛んとなる。

**碧巌録**（へきがんろく）

中国の仏教書。碧巌集とも呼ぶ。正式には『仏果圜悟禅師碧巌録』という。特に臨済宗では宗門第一の書として尊重される代表的な公案集。全十巻。宋代（一一二五年）に圜悟克勤によって編された。雪竇重顕選の雪竇百則頌古に、垂示（プロローグ）・著語（コメント）・評唱（総評）を加えたもの。

**従容録**（しょうようろく）

中国金代の仏教書。万松行秀編。六巻。一二二四年刊。『万松老人評唱天童覚和尚頌古従容庵録』ともいう。曹洞宗で重んじる公案集で、宏智正覚の頌古百則に、垂示・著語・評唱を加えたもの。

**無門関**（むもんかん）

中国宋代に無門慧開によって編集された公案集。一二二九年刊。四十八の公案が選ばれ、それぞれに頌と評唱が付けられ、看話禅では必ず使用されるテキストである。

**正法眼蔵**（しょうぼうげんぞう）

日本曹洞宗の根本宗典。永平道元撰述。寛喜三年（一二三一年）撰の「弁道話」より二十三年にわたる道元の説示を集めたもの。禅仏教にとどまらず田辺元、和辻哲郎をはじめ東西の現代哲学思想家からも注目される。真筆本・写本版本など諸本がある。

**僧肇**（そうじょう）【三八四〜四一四】

中国東晋の僧。鳩摩羅什に学び、理解第一といわれた。長安で羅什の訳経を助けた。著作『宝蔵論』『肇論』。

**菩提達磨**（ぼだいだるま）【〜五二八】
西天二十八祖、中国禅宗初祖。伝説によれば南天竺香至国王の第三子、幼名菩提多羅。出家して般若多羅の弟子となり菩提達磨と改称。晩年シナに教化することを志し、南海（広州）に到着、梁の武帝に見えて後、魏に赴き嵩山少林寺に面壁九年、弟子の二祖慧可に法を伝え、永安元年遷化と伝える。達磨大師。

**慧可**（えか）【〜五九二】
中国禅宗二祖、洛陽（河南省）の人、姓は姫氏。達磨大師に参じた。「慧可断臂」の話がある。諡は大祖禅大師。

**大満弘忍**（だいまんこうにん〔ぐにん〕）【六〇二〜六七五】
中国禅宗五祖。姓は周氏。蘄州黄梅（湖北省黄梅県）の人（?）。諡は大満禅師。塔号は法雨塔。

**大鑑慧能**（だいかんえのう）【六三八〜七一三】
中国禅宗六祖。姓は盧氏。新州嶺南の人。五祖の法を嗣ぐ。曹渓山宝林寺で説法教化する。神秀の北宗禅に対して南宗禅の祖とされる。南獄懐譲、青原行思など得法の弟子四十三人。慧能大師。

**青原行思**（せいげんぎょうし）【〜七四〇】
中国唐代の禅僧。姓は劉氏。吉州安城の人。六祖の法嗣。青原山静居寺に住して法を説く。門下に石頭希遷があらわれ、この法系より曹洞宗が出る。諡は弘済大師。塔号は帰真。

**南泉普願**（なんせんふがん）【七四八〜八三五】
中国唐代の禅僧。姓は王氏、鄭州新鄭（河南省新鄭市）の人。南獄下、馬祖道一の法嗣。弟子に趙州従諗、長沙景岑などがいる。諡は大寂禅師。

**百丈懐海**（ひゃくじょうえかい）【七二〇／七四九〜八一四】
中国唐代の禅僧。中国南宗禅、洪州宗の祖。姓は王氏。福州長楽（福建省長楽県）の人。洪州（江西省）の馬祖道一の法を継ぐ。。懐海は法諱。百丈山に法門を開く。弟子に黄檗希運、潙山霊祐がいる。諡は大智禅師。著作『百丈清規』など。

**潙山霊祐**（いさんれいゆう）【七七四〜八五三】
中国唐代の禅僧。姓は趙氏、福州長渓（福建省）の人。百丈懐海に学び法を嗣ぐ。潙山（湖南省）に住して、多数の門弟を訓育した。弟子に仰山慧寂があり、彼らの門流を、後世「潙仰宗」と称した。他に香厳智閑、霊雲志勤などがいる。諡は大円禅師、塔は清浄塔。著書『潙山警策』など。

**趙州従諗**（じょうしゅうじゅうしん）【七七八～八九七】
中国唐末の禅僧。姓は郝氏、曹州臨淄県郝郷（山東省）の人。師は南泉普願、黄檗希運、塩官斉安。趙州観音院に住す。多くの逸話が残る。諡は真際大師。著作『趙州真際禅師語録』。

**薬山惟儼**（やくさんいげん）【～八三四】
中国唐代の禅僧。姓は韓氏、絳州（山西省）の人。石頭希遷の法嗣。薬山に住し多くの俊秀を輩出した。弟子に雲巌曇晟、道吾円智、船子徳誠などがいる。雲巌門下に曹洞宗開祖洞山良价が出る。諡は弘道大師。

**雲門文偃**（うんもんぶんえん）【八六四～九四九】
中国の五代の禅僧。五家七宗の一つ雲門宗の開祖。姓は張氏。蘇州嘉興（浙江省嘉興市）の人。師は雪峰義存。韶州（広東省）雲門山に住す。諡は匡真大師。著作『雲門広録』。

**法眼文益**（ほうげんぶんえき）【八八五～九五八】
中国唐末五代の禅僧。余杭（浙江省）の人。青原門下、地蔵桂琛（じぞうけいちん）禅師の法嗣であり、五家七宗の一つ法眼宗の始祖。弟子に天台徳昭など。

**法然**（ほうねん）【一一三三～一二一二】

平安末から鎌倉初期の日本の僧。美作（岡山県）の人。法然房、黒谷上人とも。諱は源空。幼名を勢至丸。比叡山で天台宗の教学を学び、後に専修念仏の教えを説き、浄土宗の開祖と仰がれた。諡は、円光大師など。主著『選択本願念仏集』（『選択集』）。日本における称名念仏の元祖。親鸞は、法然を「本師源空」や「源空聖人」と称して敬慕している。

**明恵**（みょうえ）【一一七三～一二三二】

鎌倉期の華厳宗中興の祖。紀伊（和歌山県）の人。諱は高弁。浄土宗の全盛期にあって、法然に対抗して数多くの書を著した。明恵上人・栂尾（とがのお）上人とも。著作『摧邪輪』（三巻）『華厳信種義』など。

**永平道元**（えいへいどうげん）【一二〇〇～一二五三】

鎌倉初期の禅僧。日本曹洞宗の開祖。諱は希玄。一般には道元禅師と呼ばれ、宗門では高祖と尊称される。明全と共に入宋留学して天童山景徳寺の如浄禅師に師事。諡は仏性伝燈国師、承陽大師。主著は『正法眼蔵』『普勧坐禅儀』『永平広録』など。和辻哲郎はじめ、西洋哲学の研究者からも注目を集めた。

**夢窓疎石**（むそうそせき）【一二七五～一三五一】

南北朝時代の臨済僧。伊勢（三重県）の人。姓は源氏。五山の指導的役割を担った。夢窓派の祖。無隠円範、一山一寧などに師事。高峰顕日に法を嗣ぐ。天竜寺の開山。「七朝の国師」と仰がれ、多くの弟子を教化した。西芳寺（苔寺）、天竜寺などの作庭や詩偈・和歌にも秀でた。主著『夢窓語録』（二巻）、『夢中問答集』。

**沢庵宗彭**（たくあんそうほう）【一五七三～一六四五】

江戸初期の禅僧。但馬（兵庫県）の人。臨済宗大徳寺派。春屋宗園などに師事。品川東海寺開山。遺偈は「夢」の一字。徳川家光、柳生宗矩などの帰依を受けた。著作に『不動智神妙録』『臨済録抄』。

**柳生宗矩**（やぎゅうむねのり）【一五七一～一六四六】

江戸時代初期の剣術家。大和の人。徳川家康に召されて仕えた。関ヶ原の戦い後、旧領柳生荘二千石を与えられ、将軍秀忠、家光に新陰流の剣を教授した。大坂の陣でも活躍し、寛永六年但馬守に任じられ三千石を与えられた。同年大目付となり家光の厚い信頼を得た。沢庵和尚との親交でも知られる。

**白隠慧鶴**（はくいんえかく）【一六八六〜一七六九】

江戸中期の禅僧。臨済宗中興の祖と称される。駿河原宿（静岡県沼津市原）の人。諸国行脚の後、信濃（長野県）飯山の正受老人（道鏡慧端）の厳しい指導を受けて、悟りを完成させた。「駿河には過ぎたるものが二つあり、富士のお山に原の白隠」と謳われた。諡は神機独妙禅師、正宗国師。墓は原の松蔭寺にある。墨跡・禅画も達者で多数残されている。

**大愚良寛**（たいぐりょうかん）【一七五八〜一八三一】

江戸時代後期の曹洞宗の僧。越後（新潟県）の人。歌人、漢詩人、書家。俗名、山本栄蔵または文孝。号は大愚。備中（岡山県）円通寺の国仙和尚に師事。のち、諸国を行脚し、生涯寺を持たず、故郷の国上山（くがみやま）の五合庵等に隠棲して独自の枯淡な境地を和歌・書・漢詩に表現した。弟子の貞心尼編による歌集『蓮の露』がある。

**著者略歴**

**岡島　秀隆**（おかじま・しゅうりゅう）

愛知県生まれ（1954）
南山大学文学部哲学科卒。愛知学院大学大学院博士課程満期退学。
米国カリフォルニア州スタンフォード大学仏教学研究所にて在外研究（2002年から1年間）
現在、愛知学院大学教養部教授・禅研究所所長。曹洞宗霊松寺住職。
日本佛教学会理事、比較思想学会理事など。
主な研究分野：宗教哲学、禅仏教の解釈学的研究

**思考禅のススメ——仏祖の言葉を読んでみよう**

2021年1月25日　初版第1刷発行
2024年9月25日　初版第2刷発行

著　者　岡　島　秀　隆
発行者　木　村　慎　也

・定価はカバーに表示　　印刷　中央印刷／製本　和光堂

発行所　株式会社　北　樹　出　版

〒153-0061　東京都目黒区中目黒1-2-6
電話(03)3715-1525(代表)　FAX(03)5720-1488

 ISBN 978-4-7793-0647-1